U0522494

长风破浪 未来可期的
中国经济

程 勤
——主编——

姚 芳　刘荪婷　龚 川　杜珉璐
——副主编——

人民东方出版传媒
People's Oriental Publishing & Media
东方出版社
The Oriental Press

图书在版编目（CIP）数据

长风破浪未来可期的中国经济 / 程勤主编 .—北京：东方出版社，2023.5
ISBN 978-7-5207-2879-9

Ⅰ.①长… Ⅱ.①程… Ⅲ.①中国经济—经济发展—研究 Ⅳ.① F124

中国国家版本馆 CIP 数据核字（2023）第 061845 号

长风破浪未来可期的中国经济
（CHANGFENGPOLANG WEILAIKEQI DE ZHONGGUO JINGJI）

主　　编：	程　勤
责任编辑：	杨润杰
责任校对：	金学勇
出　　版：	东方出版社
发　　行：	人民东方出版传媒有限公司
地　　址：	北京市东城区朝阳门内大街 166 号
邮　　编：	100010
印　　刷：	三河市中晟雅豪印务有限公司
版　　次：	2023 年 5 月第 1 版
印　　次：	2023 年 5 月北京第 1 次印刷
开　　本：	710 毫米 ×1000 毫米　1/16
印　　张：	18
字　　数：	208 千字
书　　号：	ISBN 978-7-5207-2879-9
定　　价：	68.00 元

发行电话：（010）85924663　85924644　85924641

版权所有，违者必究

如有印装质量问题，我社负责调换，请拨打电话：（010）85924725

目录 CONTENTS

第一章
当前经济形势及目前经济工作

一、成绩殊为不易,值得倍加珍惜 2
二、经济运行有望总体回升 9
三、我国发展站在新的更高历史起点上 15

第二章
全面建成社会主义现代化强国的战略安排和目标任务

一、全面建设社会主义现代化国家面临的形势 24
二、全面建成社会主义现代化强国的战略安排和目标任务 ... 31
三、全面建成社会主义现代化强国必须牢牢把握的重大原则 36

第三章
坚持党对经济工作的集中统一领导

一、以习近平新时代中国特色社会主义思想为指导 44
二、坚持把发展作为党执政兴国的第一要务 48

三、完整、准确、全面贯彻新发展理念 ……………………………… 54

四、把实践作为检验各项政策和工作成效的标准 …………………… 60

第四章

推动经济实现质的有效提升和量的合理增长

一、高质量发展是全面建设社会主义现代化国家的首要任务 ……… 66

二、经济实现质的有效提升和量的合理增长的丰富内涵 …………… 73

三、形成持续拉动经济发展的内生动力、推动高质量发展的
强大合力 …………………………………………………………… 77

第五章

实施扩大内需战略同深化供给侧结构性改革有机结合

一、深刻理解供给与需求二者结合决策部署的历史逻辑与时代背景 … 88

二、推动供给与需求有机结合需把握的重大原则要求 ……………… 94

三、把实施扩大内需战略同深化供给侧结构性改革有机结合的
主要任务 …………………………………………………………… 100

第六章

构建高水平社会主义市场经济体制

一、坚持和完善社会主义基本经济制度 ……………………………… 110

二、坚持社会主义市场经济改革方向 ………………………………… 116

三、坚持"两个毫不动摇" ……………………………………………… 121

第七章

加快建设现代化产业体系

一、坚持把发展经济的着力点放在实体经济上 128
二、推动制造业高端化、智能化、绿色化发展 134
三、提升战略性资源供应保障能力 141
四、推动新兴产业融合集群发展 147
五、打造具有国际竞争力的数字产业集群 153

第八章

加大宏观政策调控力度

一、积极的财政政策要加力提效 162
二、稳健的货币政策要精准用力 167
三、产业政策要发展和安全并举 174
四、科技政策要聚焦自立自强 180
五、社会政策要兜牢民生底线 185

第九章

推进城乡融合和区域协调发展

一、坚持农业农村优先发展 194
二、加快建设农业强国 200
三、发展新型农村集体经济 206

四、构建优势互补、高质量发展的区域经济布局和国土空间体系…… 212

五、加快建设海洋强国…… 219

第十章

推进高水平对外开放

一、更大力度吸引和利用外资…… 226

二、稳步扩大规则、规制、管理、标准等制度型开放…… 233

三、加快建设贸易强国…… 239

四、推动共建"一带一路"高质量发展…… 245

五、有序推进人民币国际化…… 252

第十一章

为全面建设社会主义现代化国家，全面推进中华民族伟大复兴作出新贡献

一、把思想和行动统一到党的二十大精神和中央关于经济工作的决策部署上来…… 260

二、保持奋发有为的精神状态和"时时放心不下"的责任意识…… 266

三、坚持真抓实干、求真务实、勇于担当…… 273

后　记…… 279

第一章

当前经济形势及目前经济工作

党的二十大描绘了全面建设社会主义现代化国家的宏伟蓝图。面对风高浪急的国际环境和艰巨复杂的国内改革发展稳定任务，在以习近平同志为核心的党中央的坚强领导下，全党全国各族人民砥砺奋进，我国经济大船破浪前行。2022年底召开的中央经济工作会议强调，做好今后一个时期的经济工作，要坚持稳中求进工作总基调，为全面建设社会主义现代化国家开好局起好步。为此，我们必须站在新的更高的历史起点上，充分认识当前的经济形势及目前经济工作，倍加珍惜我们今天取得的成绩，坚定做好经济工作的信心，为实现中华民族伟大复兴的中国梦而团结奋斗！

一、成绩殊为不易，值得倍加珍惜

当前，世界百年未有之大变局加速演进，世纪疫情反复冲击，面对风高浪急的国际环境和艰巨繁重的国内改革发展稳定任务，我国综合国力再上新台阶、经济发展稳中有进、民生保障坚强有力、社会大局稳定发展，这份沉甸甸的成绩值得我们倍加珍惜。

值得倍加珍惜的往往在于它的来之不易，之所以说它来之不易在于受到严重的国内外影响。从国际看，百年未有之大变局在整体上表现为：进入21世纪后，国际货币基金组织（IMF）按购买力平价计算，新兴市场国家和发展中国家对世界经济的贡献将近60%，非西方国家正在群体性崛起，对西方国家在国际格局中的地位产生重大冲击，国际战略格局发生重大变化。与此同时，世界政治经济中心由欧美大西洋沿岸转到亚太地区，亚太地区成为大国战略竞争和博弈的焦点，权力结构第一次出现向非西方国家转移的趋势。其中我国发展壮大，跃居全球第二大经济体，成为推动全球治理体系深刻调整最重要的动因，广大新兴市场国家和发展中国家迫切需要改革和完善全球治理体系。在这样的百年变局中，据美国约翰斯·霍普金斯大学统计，2020年全球新冠疫情蔓延，至2023年1月，累计确诊病例约6.6亿例，累计病亡病例达670多万例。疫情不仅给世界带来了巨大的生命损失，也严重影响了全球经济发展，英国脱欧、贸易战等逆全球化浪潮和贸易保护主义加紧肆虐。国际货币基金组织多次下调全球经济增长预期，2023年初，国际货币基金组织总裁格奥尔基耶娃表示，世界经济将面临艰难的一年，经济增速可能突破2%这个世界经济增长和衰退的分界线。除全球经济面临的巨大威胁外，另一个给世界带来严重影响的军事冲突也愈加胶着，2022年俄乌冲突加剧了世界紧张局势，持续至今，目前尚未看到结束迹象。

受国际局势影响，从国内看，我们不仅要防控疫情蔓延，保障人民生命安全，同时要促进经济发展，保障人民生活水平；不仅要促进经济社会发展，还要保障人民和社会安全大局。2022年，全国疫情多点散发，上海、西安、郑州、新疆、内蒙古等地遭遇疫情风险，人民吃穿住行、教育、医疗面临诸多困难。2022年，高温天气和各种自然灾害持续上演，洪涝、干旱、地震等共造成1.12亿人次受灾。2022年，人们习惯了居家办公、在线教育、网上问诊、绿色出行、健康饮食、良好卫生、提前预防等，人们的多种生活方式在潜移默化地发生改变。2022年，我们面临多重压力和挑战，从个人看，转变个人观念和生活方式；从国家看，全面保障人民生命财产安全，同时也要促进国家经济稳步提升，在此过程中，我国全面深化改革处在深水区、攻坚期，我国经济恢复的基础尚不牢固，面临的需求、供给压力依然较大。按照惯有发展，在如此严重的国内国际环境下，如美国、德国、英国等发达国家经济持续低迷，一个国家想要摆脱外部束缚，仍旧保持持续增长简直是难上加难。但中国在以习近平同志为核心的党中央坚强领导下，经过全体人民的共同努力，依然取得了较好成绩。

第一，我国综合国力再上新台阶。我国综合国力再上新台阶，是相比我国国内生产总值（GDP）2020年突破100万亿元、2021年突破110万亿元而言的。2022年全年国内生产总值达1210207亿元，按不变价格计算，比2021年增长3.0%。[1] 121万亿元的国内生产总值按照年均汇率计算的话，约相当于18万亿美元，仅次于美国。这是中国从2010年超过日本成为全球第二大经济体以来的第12年，中国对世界经济发展的贡献越来越大。不仅经济总量取得的成绩值得我们珍惜，而且人均水平取得的成绩也值得我们倍加珍惜。2022年，我国人均GDP达85698元，同样按照年均汇率计算折合约1.27万美元，这是我国自2021年以来连续两年保持在1.2万美元以上。[2] 国内

---

[1] 参见《我国经济总量再上新台阶》，《经济日报》2023年1月18日。
[2] 同上。

生产总值和人均水平的接续提高，可以说是我国综合国力的进一步提升，意味着我国经济长期向好的基本面没有改变。更为具体的表现是，从国内生产总值分产业分析，第一、二、三产业的增加值分别为88345亿元、483164亿元、638698亿元，分别比2021年增长4.1%、3.8%、2.3%，其中工业增加值和制造业增加值均居世界首位，我国产业发展效率和质量都得到巨大发展。[1] 同时，我国基础设施投资增速连续8个月加快，截至2022年12月，同比增长9.4%。[2] 其中，在新基建方面，根据《2022年通信业统计公报》公布的数据，截至2022年底，我国累计建成开通5G基站数已超过231万个，移动电话用户数量更是超过16.83亿户，5G移动电话用户达到5.61亿户，目前我国所有地级市已全面建成光网城市，已经建成全球规模最大、技术最领先的网络基础设施。当然，在老基建方面，我们也没有落后，我国铁路营业里程高达15.5万公里，其中高速铁路里程远远领先世界，基础设施整体完善推进。

第二，我国经济发展稳中有进。保持3%的增速是非常不容易的，这个不容易不仅在于我国经济发展增速高于发达国家经济发展增速，如德国2022年经济增速为1.9%，国际货币基金组织预测世界第一大经济体美国和世界第三大经济体日本的经济增速不会超过2%；更在于我们在遇到超预期因素冲击的时候，能够采取一系列措施，稳定经济，实现经济增速的提升。从季度来看，2022年，我国一季度国内生产总值同比增长4.8%，但二季度前期，由于疫情的多点散发及国

---

[1] 参见《2022年国民经济顶住压力再上新台阶》，国家统计局网站2023年1月17日。
[2] 参见《2022年全国基础设施投资增速》，国家发展改革委网站2023年1月30日。

际冲突影响，经济增速一度下滑，同比增长0.4%。面对一方面要控制疫情，为人民生命安全负责；另一方面要促进发展，为人民经济生活负责的双重压力，我国采取了退税减税、保持供应、援助企业等一系列措施，实现了三季度经济发展同比增长3.9%，可以说稳住了经济大盘，促进了经济稳中有进。

除此之外，我国经济发展稳中求进，进有所成，还需要看科技创新取得的巨大成就。据统计，截至2022年底，我国发明专利有效量达421.2万件，是世界上第一个发明专利有效量超过300万件的国家。其中，发明有效专利的企业约35.5万家，而企业的转化率则更能为促进经济发展提供更多选择。最为关键的是，高新技术及专精特新企业有效发明专利数量达151.2万件，占国内企业拥有有效专利总量的65.1%，有效促进了我国企业创新活力，为促进经济稳步发展提供了动力。[1] 同时，全社会研发经费支出也从2012年的1万亿元增加到现在的2.8万亿元，居世界第二位，研发人员数量更是稳居世界第一位。最为重要的是，我国基础研究领域和原始创新领域不断加强，在一些关键核心技术方面相比以前实现了从无到有的突破，载人航天、量子信息、核电技术、大飞机制造、生物医药、深海深地探测等都取得了重大成果，我国已进入创新型国家行列。

第三，民生保障更加坚强有力。俄乌冲突以来，国际粮食价格攀升，全球粮食危机加剧。面对如此严峻的国际环境，我国的粮食依然保持了"十九连丰"的成绩，粮食产量达到13731亿斤，大豆产量达到2028万吨，其余各种肉、蛋、奶等供应量充足，保障了人民生

---

[1] 参见《知识产权高质量发展态势更显著》，《人民日报》2023年1月17日。

活的基本需求，保持了物价的总体稳定。我国居民消费价格指数上涨2%，远低于预期目标（3%）。其中，食品价格指数同比上涨2.8%，远远低于欧美等主要经济体10%左右的涨幅，保障了最基本的民生。

同时，作为关系我国最重要安全之一的能源安全，面临国际能源紧张的现实情况，我国采取措施保障能源安全，做好煤炭、天然气、电力、成品油等各种能源的供给工作。2022年，我国原煤、天然气产量分别为45亿吨、2178亿立方米，与此同时，电力方面的发电装机增加2亿千瓦以上，使能源价格总体稳定在合理区间。[1]在保障民生方面，我们不仅在稳定物价方面取得较好成绩，而且在就业方面也取得了一些成绩。我国超额完成1100万人新增就业的全年目标，城镇新增就业达到1206万人，就业局势保持总体稳定，有效提高了居民收入。2022年，全国居民人均可支配收入为36883元，比2021年名义增长5.0%。[2]收入的增长、物价的稳定、粮食和能源的有效供应，进一步促进了经济社会大局的稳定发展。更值得一提的是，在严峻的国内外形势下，2022年2月，我国成功举办了第24届冬奥会和第13届冬残奥会。在冬奥会中获得9金4银2铜的好成绩，创多项历史新高，为中国冬季运动项目的发展奠定了基础，同时向国际展现了中国的良好形象，提升了我国的国际影响力。随后举办的冬残奥会，使全世界的目光再次聚焦到中国，成为中国对外宣传的一张亮眼的名片。

成绩已成过往，国际国内挑战依然存在，甚至可能面临更多的风高浪急，这就需要更清楚地看到我国经济发展的巨大潜力和发展趋

---

[1] 参见《中国经济站上新台阶》，《人民日报》2023年1月20日。
[2] 参见国家统计局：《中华人民共和国2022年国民经济和社会发展统计公报》，《人民日报》2023年3月1日。

长风破浪未来可期的 中国经济

2022年2月4日晚，第24届冬奥会开幕式在北京国家体育场举行

中新图片 / 毛建军

势，更加坚定信心，促进经济高质量发展，为稳中求进保驾护航。

二、经济运行有望总体回升

2022 年底召开的中央经济工作会议强调，当前我国经济恢复的基础尚不牢固，需求收缩、供给冲击、预期转弱三重压力仍然较大，外部环境动荡不安，给我国经济带来的影响加深，但也要看到 2023 年经济运行有望总体回升。这是基于我国长期以来经济发展的韧性、潜力、活力以及我国的各项政策显现效果而作出的判断，我们要坚定经济发展的信心。

坚定信心并不是空洞的口号，而是在取得成绩之后仍能清醒地看到我们面临的问题和压力。这些压力主要表现在以下 3 个方面。

第一，需求收缩。由于受疫情、世界经济下行压力、俄乌冲突等影响，我国减少聚集性活动，整体需求收缩。如房地产行业，新房市场和二手房市场相对萎缩。2022 年，全国房地产开发投资约 13.3 亿元，比 2021 年房地产开发投资下降 10%，其中住宅投资约 10 亿元，下降 9.5%。不仅投资减少，而且商品房销售面积和销售额比 2021 年分别下降 24.3% 和 28.3%。总的来看，房地产开发景气指数在 2021 年 12 月还是 100.28，而 2022 年 1 月则下降到 96.82，2022 全年逐月下跌，到 12 月仅为 94.35。[1] 当然，房地产行业需求收缩只是其中一个个例。受多重因素影响，餐饮业、旅游业等服务行业需求整体都有一定的收缩。

第二，供给冲击。我国从 2016 年开始研究供给侧结构性改革方

---

[1] 参见《2022 年全国房地产开发投资下降 10.0%》，国家统计局网站 2023 年 1 月 17 日。

案，如今将扩大内需战略同深化供给侧结构性改革结合起来，一直致力于经济结构的改革。之所以进行此类改革，正是因为供给和需求存在一定的矛盾。如今，尽管我国各类企业在不断转型升级，但供给方面的改革是一个长期的过程。与此同时，疫情防控和国际竞争的加剧，使供给冲击的压力也逐渐增大。这种压力不仅表现在生产要素短缺或者说各种原材料价格上涨带来的冲击，而且表现在产业链供应链遭遇断裂的冲击。比如，工业生产者出厂价格中的原材料价格在2022年上涨达10.3%。各种原材料价格上涨，引发国内供给不足，相应地增加进口额，进口产品也会对国内带来冲击。再有，受到我国人口老龄化程度不断加深、晚婚晚育等一系列因素的影响，我国劳动力供给受到冲击，呈明显不足态势。2022年底，全国人口为141175万人，比2021年减少85万人，劳动力供给不足的压力加大，一些地方甚至出现了技术人员短缺、普通工人难招的现象。

第三，预期转弱。随着需求收缩、供给冲击的压力加大，相应的预期转弱的压力有所提升。由于收入增长速度逐渐放缓，居民消费意愿下降，居民消费预期转弱。对企业家而言也是一样，大环境的整体低迷会影响企业家的信心，信心减少则融资的意愿就会偏低，引发投资动力转弱。如上面论述的房地产企业的持续低迷，使作为重要投资领域的房地产行业的预期进一步转弱。影响不仅有国内的，国际经济环境的变化也会引发我国出口预期转弱，而这一系列变化将最终使我国经济面临巨大的预期转弱的压力。

当然，压力在，能让我们更清醒地认识面临的问题，更深层次地分析我国发展的优势。所以我们说2023年经济运行有望提升，不仅来自对压力的深刻认识，更是对自身优势的全面把握。我国自身优势可以从以下 4 个方面进行把握。

第一，我国经济的韧性非常强大。数据显示，尽管我国面临多种不利影响，但作为促进经济发展的消费、投资、出口"三驾马车"依然稳步前行。2022 年，我国最终消费支出超过 60 万亿元，占 GDP 比重达 50% 以上，对经济增长贡献率达到 32.8%，全年拉动 GDP 增长 1 个百分点。投资方面，资本形成总额对经济增长的贡献率达到 50.1%，拉动 GDP 增长 1.5 个百分点，四季度更是拉动 GDP 增长 3.9 个百分点。出口方面，货物和服务净出口对经济增长贡献率达到 17.1%，拉动 GDP 增长 0.5 个百分点。[1] 消费、投资、出口的持续扩大和增长，稳定了经济大盘，彰显了经济发展的韧性。

当然，我们必须看到中国经济发展的韧性，绝不能将眼光仅仅局限在 2022 年，应该把格局放得更长远，放到党的十九大以后 5 年的经济发展上，放到党的十八大以后 10 年我国经济发展取得的成就打下的坚实基础上，甚至可以更长远一些，放到改革开放以来 40 多年我国经济发展发生的巨大变革上。只有这样，我们才能真正看到我国经济发展所具有的强劲韧性。改革开放 40 多年来取得了重大成就，中国已经成为世界第二大经济体、制造业第一大国、货物贸易第一大国、商品消费第二大国、外资流入第二大国、外汇储备第一大国。[2] 我国人民在从站起来、富起来到强起来的道路上迈出了坚实步伐。党的十八大以来的这 10 年，中国经济总量翻了一番，对世界经济增长的贡献居首位，经济实力实现历史性跃升，提出并贯彻新发展

---

[1] 参见《国家统计局 11 位司局长解读 2022 年"年报"》，中国经济网 2023 年 1 月 18 日。
[2] 参见国务院新闻办公室：《新时代的中国与世界》，《人民日报》2019 年 9 月 28 日。

理念，推进高质量发展，构建新发展格局，实施供给侧结构性改革，全面深化改革，等等。党的十九大以来的这5年，我国经济年均增长5%以上，好于全球平均水平。推进全面建成小康社会进程，从2018年到2020年，我国农村贫困人口累计减少3046万人，到2020年底，我国近1亿农村贫困人口实现脱贫，打赢了人类历史上规模最大的脱贫攻坚战，如期全面建成小康社会。这一系列成就的取得、措施的制定、任务的完成、变化的发生都为我国经济发展打下了坚实的基础，成为我国经济发展韧性的基础，使我国经济发展的潜力越来越大。

第二，我国经济发展潜力巨大。中国经济发展的潜力巨大在于中国市场的潜力巨大。中国既是"世界工厂"，又是"世界市场"。中国是"世界工厂"，在于改革开放以来，我国不断提升自己的经济实力，充分利用人口规模、低廉劳动力价格、国土资源以及丰厚的自然资源，将经济资源集中投入制造业，使很多工业产品，如煤炭、钢铁、水泥以及日用轻工业品生产总量跃居世界第一。数据显示，从1952年至2022年，中国工业增加值从120亿元增加到40.16万亿元，国内生产总值从679亿元增加到121万亿元。目前，中国是世界上唯一拥有联合国产业分类目录中所有工业门类的国家，多项工业品产量居世界第一。[1] 苹果公司的800家供应商有一半设在中国。可以说，中国有作为"世界工厂"得天独厚的优势。当然，这也和我们以最快的速度和令人意想不到的深度走出国门、走向世界，在对外交流中形成全方位、宽领域和多层次的合作有很大关系。

从"世界工厂"到"世界市场"，是伴随着中国社会主要矛盾变化、

---

[1] 参见国务院新闻办公室：《新时代的中国与世界》，《人民日报》2019年9月28日。

中国经济结构调整、经济由高速增长转向高质量发展而转变的，中国成为世界上最具潜力的消费市场。中国有14亿多人口，一方面有世界第一的人口总量，另一方面有4亿中等收入群体作为世界最大的消费群体，同时由于我国人均GDP已达到1.2万美元，随着我国社会主要矛盾发生转化，人民对美好生活的需求更加强烈，更希望有更高品质、更具个性化、更有针对性、更加多样化的产品，需求的增长潜力巨大。我国第三产业服务业对经济的贡献目前已经超过第二产业，消费增速超过固定资产投资，消费对经济的贡献越来越大。2019年，商务部负责人指出，未来15年，中国进口商品和服务将分别超过30万亿美元和10万亿美元，彰显了中国经济巨大的发展潜力。[1]

第三，中国经济活力十足。这和我们国家不断深化对外开放、对接世界经济，建立开放型经济是密不可分的。"一带一路"倡议提出10年来，取得了举世瞩目的成就，并分别于2017年、2019年举办"一带一路"国际合作高峰论坛。自2018年以来连续5年举办的"中国国际进口博览会"，是世界上第一个以进口为目的的国家级展会，成为"一带一路"倡议的另一个标志性成果，展示了中国推动贸易自由化和经济全球化的决心。截至2023年2月中旬，我国已经与151个国家、32个国际组织签署了200多份共建"一带一路"合作文件。[2] 此外，中国倡议建立亚洲基础设施投资银行（亚投行），促进全球经济治理体系改革和完善，通过国际合作，不断激发中国经济的活力。

当然，除了国际合作，还要从自身入手激发经济活力。从自身入

---

[1] 参见《未来15年将进口超30万亿美元商品》，《北京青年报》2019年11月8日。
[2] 参见《事关稳增长、促就业、民企发展……全国两会首场新闻发布会——回应》，中国经济网2023年3月4日。

2022年11月4日，第五届中国国际进口博览会在国家会展中心（上海）开幕

中新图片 / 郭俊锋

手，主要是适应新形势、新业态的发展，促进新能源、新动能产品增长，不断转变消费观念，适应消费模式变化。例如，在新能源方面，2022年，我国新能源产品高速增长，其中，新能源汽车实现跨越式发展，相比2021年将近翻番，增长97.5%；充电桩、光伏电池等新能源产品产量分别增长80.3%、47.8%；新材料产品更是实现两位数的增长。[1] 除此之外，新型消费模式保持较快发展，实物商品网上零售额比2021年增长6.2%，占社会消费品零售总额的27.2%。[2] 可以

---

[1] 参见《工业生产总体稳定 新动能持续成长》，中国经济网2023年1月28日。
[2] 参见《2022年中国经济年报怎么看——国家统计局相关部门负责人问答录（上）》，《经济日报》2023年1月18日。

说，紧跟时代发展、人民需要和新业态的需要，是经济发展保持活力的根本所在。

第四，政策效果持续显现。我国始终以人民为中心，不断促进经济发展，并制定一系列政策措施保障经济平稳运行。只有好的经济政策才会有好的效果。调查显示，2022年，我国对工业企业进行了3次留抵退税政策，缓解了企业现金流转运转压力，成效已初步显现，越来越多的企业享受此项政策。在满意度调查中，有近2/3的企业表示非常满意。针对小微企业的调查显示，享受税收优惠政策的企业占65.9%，较2021年同期提高3.6个百分点，政策惠及面自2021年四季度以来持续保持在六成以上。在政策持续发力的作用下，企业用工投资意愿有所恢复，2023年一季度用工预期指数环比上升0.9个百分点；投资预期指数环比上升0.5个百分点，工业企业景气有所上升。[1]从具体措施到宏观调控，更高的国家经济发展战略则在发展中一步步指导地方实践，有着更长远的规划和目标，效果更为明显，也将更进一步引领我国经济发展运行。

三、我国发展站在新的更高历史起点上

2022年底召开的中央经济工作会议指出，新时代10年是我国经济社会发展取得历史性成就、发生历史性变革、转向高质量发展的10年。我们历史性地解决了绝对贫困问题，如期全面建成小康社会，我国发展站在新的更高历史起点上。

之所以说我国发展站在新的更高历史起点上，主要在于党的十八

---

[1] 参见《工业生产总体稳定　新动能持续成长》，中国经济网2023年1月28日。

大以来的这10年，中国特色社会主义进入了新时代，谱写了经济快速发展、社会长期稳定两大奇迹的新篇章。10年来，我国经济社会发展之所以能取得巨大的成绩，和中国共产党的领导、全国人民的共同努力分不开。党的十八大以来的10年，我国的经济发展是通过改革开放以来的发展不断总结自身经验、制订发展目标、具体问题具体分析，通过摸索、实践、总结、升华形成了我们自己的经济发展理论和发展框架实现的。

第一，以习近平同志为核心的党中央作出一个非常重要的具有方向性指导意义的判断：中国经济由高速度发展阶段转向高质量发展阶段。紧随其后我国提出创新、协调、绿色、开放、共享的新发展理念。在全面贯彻绿色发展理念的基础上，确立习近平生态文明思想，我国生态环境保护发生历史性、转折性、全局性变化。我们加快形成生态文明制度体系，实行最严格的生态环境保护制度、发展绿色金融，建立了资源高效利用制度，健全了自然资源监管体系、国家公园保护制度，生态环境保护责任制度等，绿色发展成效不断显现。在国际上，中国政府承诺将于2030年左右达到二氧化碳排放峰值并争取早日实现，2030年单位国内生产总值二氧化碳排放比2005年下降60%—65%，非化石能源占一次能源消费比重达到20%左右，森林蓄积量比2005年增加45亿立方米左右，以积极应对全球气候变化。[1]我国提出坚持绿水青山就是金山银山的理念，将绿水青山转化为生产力，提高人民生活水平，改善人民生活环境。如2022年中央一号文

---

[1] 参见习近平：《携手构建合作共赢、公平合理的气候变化治理机制——在气候变化巴黎大会开幕式上的讲话》，《人民日报》2015年12月1日。

件《中共中央 国务院关于做好2022年全面推进乡村振兴重点工作的意见》明确指出："鼓励各地拓展农业多种功能、挖掘乡村多元价值，重点发展农产品加工、乡村休闲旅游、农村电商等产业。""实施乡村休闲旅游提升计划。"

第二，党的十八大以来，以习近平同志为核心的党中央作出经济发展进入新常态的重大判断，加大力度推进供给侧结构性改革，有效改善了供求关系。基于我国经济发展新阶段呈现的新特征和新问题，我国又提出构建新发展格局的战略，即加快构建以国内大循环为主体、国内国际双循环相互促进的新发展格局。这是以习近平同志为核心的党中央根据我国处于向第二个百年奋斗目标前进的新发展阶段、面临的新的历史任务、面对世界百年未有之大变局和新冠疫情持续蔓延的新环境条件下作出的重大战略决策。这是对我国经济发展的战略定位、发展方向以及路径作出的重大调整，是着眼于我国经济长远发展和社会长治久安作出的重大战略部署，对于实现更高质量发展有巨大影响。

第三，我国物质基础更为坚实、制度保障更加完善、国际地位和国际影响力显著提高。我国经济总量稳居世界第二位，人均国内生产总值也持续提高。这意味着我国的综合国力、社会生产力、国际影响力、人民生活水平进一步提升，意味着发展基础更牢、发展质量更优、发展动力更为充沛。我们全面建成了小康社会，实现了中华民族千年以来梦寐以求的梦想。为了实现这个梦想，我们坚持精准扶贫，并取得重大成就。2021年2月25日，习近平总书记在全国脱贫攻坚总结表彰大会上庄严宣告："经过全党全国各族人民共同努力，在迎来中国共产党成立一百周年的重要时刻，我国脱贫攻坚战取得了全面

党的十八大以来,"绿水青山就是金山银山"理念已深入人心。经过 30 余年的治理,昔日令人望而生畏的臭水湖——福建省厦门市筼筜湖如今已变成水清岸绿、鸟语花香的"城市会客厅",成为厦门特区建设高颜值生态花园城市、探索人与自然和谐共生的实践范例。图为筼筜湖及周围城市景观

胜利，现行标准下9899万农村贫困人口全部脱贫，832个贫困县全部摘帽，12.8万个贫困村全部出列，区域性整体贫困得到解决，完成了消除绝对贫困的艰巨任务，创造了又一个彪炳史册的人间奇迹！"[1]为了打赢这一场脱贫攻坚战，我们尽锐出战，其中累计选派300多万名第一书记和驻村干部、近200万名乡镇干部，以及数百万名村干部，数年奋战在脱贫一线，为实现脱贫攻坚贡献了巨大力量。据统计，党的十八大以来，平均每年有1000多万人实现脱贫，相当于一个中等国家的人口脱贫，可以说，我国脱贫攻坚的胜利不仅使我们全面建成了小康社会，同时对世界减贫的贡献率超过了70%。与此同时，为了使人民生活更加有保障，我国在教育、社会保障、医疗卫生等方面也作出了巨大的努力，建成世界上规模最大的教育体系、社会保障体系和医疗卫生体系，使人民生活的物质基础更加坚实。据统计，我国基本养老保险目前已覆盖10.4亿人，基本医疗保险参保率已经稳定在95%。为改善城乡居民的住房条件，改造棚户区住房4200多万套，改造农村危房2400多万户，人们的获得感、幸福感越来越高。

物质生活的极大发展得益于制度的保障。党的十八大以来，我国形成了更加完善的制度保障。我们以巨大的政治勇气将全面深化改革进行到底，打响了改革攻坚战，紧紧围绕使市场在资源配置中起决定性作用深化经济体制改革，坚持和完善以公有制为主体、多种所有制经济共同发展的基本经济制度，加快完善现代市场体系、宏观调控体系、开放型经济体系，加快转变经济发展方式，国家治理体系和治理

---

[1] 习近平：《在全国脱贫攻坚总结表彰大会上的讲话》，《人民日报》2021年2月26日。

能力现代化水平显著提高。例如，央企改革实现历史性突破，数据显示，全国国资系统监管企业 2 万多个各类公共服务机构、1500 万户职工家属区"三供一业"已基本完成分离移交，170 多万名厂办大集体企业在职职工得到安置，超过 2000 万名退休人员基本实现社会化管理。[1] 为更好适应国际形势及人民需要，中央企业采取组建、重组、优化等措施，进一步维护产业链供应链安全。如组建了中国矿产资源集团，党的二十大之后首个中央企业集团层面中国宝武和中钢集团进行战略性重组，中国南水北调集团 2022 年正式划转国资委管理。[2]

更为坚实的物质基础和更为完善的制度保障，为我国综合国力的提升奠定了坚实的基础，我国国际地位显著提高，我国国际影响力越来越大。我国成功走出中国式现代化道路，为世界广大发展中国家提供了迈入现代化的新的选择，创造了人类文明新形态。党的十八大以来，我国提出构建人类命运共同体理念、"一带一路"倡议、建立亚投行，推动世界银行、国际货币基金组织、世界贸易组织（WTO）的改革完善，同时不断参与多边事务，发挥二十国集团（G20）、金砖国家（BRICS）、亚太经合组织（APEC）、上海合作组织（SCO）的作用，推动贸易和投资自由化便利化，促进经济全球化发展，促进多边主义，反对霸权主义。由我国倡议建立的亚投行目前已拥有 106 个成员，覆盖全球 81% 的人口和 65% 的 GDP，成为全球第二大国际多边开发机构。[3]

如今，我们站在更高的历史起点上，完成脱贫攻坚、全面建成小

---

[1] 参见《国资委研究中心报告：央企改革实现三个历史性突破》，新华网 2022 年 11 月 7 日。
[2] 参见《2022 年央企经济运行情况新闻发布会》，中国新闻网 2023 年 1 月 18 日。
[3] 参见《开业运营 7 周年 亚投行"朋友圈"何以越来越大？》，新华网 2023 年 1 月 17 日。

康社会的历史任务，实现了第一个百年奋斗目标，中华民族伟大复兴已经进入不可逆转的历史进程。站在全面建成社会主义现代化强国、实现第二个百年奋斗目标的新的起点，做好当前经济工作，要始终坚持以习近平经济思想为指导，坚持党对经济工作的统一领导，完整、准确、全面贯彻新发展理念，构建新发展格局，持续激发我国经济发展的内生动力，形成推动高质量发展的强大合力。内生动力需要我们从国内市场着手，激发国内需求。要在坚持和完善社会主义基本经济制度、市场经济改革方向和"两个毫不动摇"的基础上，激发市场活力，坚持把着力点放在实体经济上，促进民营企业发展。据不完全统计，我国GDP 60%以上是由民营经济创造的，城镇就业的80%以上是由民营经济解决的，技术创新方面有70%是民营企业突破的，有效促进了市场效率。同时也要不断深化供给侧结构性改革，把握其重大原则和方向，保持持久动力。持续对外开放，加大力度吸引和利用外资，有序推动人民币国际化进程，推动高水平对外开放。当然，经济发展要不断适应社会主要矛盾变化和人民需求变化，以推动可持续发展，要建设现代化产业体系，促进城乡协调发展。而这一切发展都要坚持把思想和行动统一到党的二十大精神和党中央关于经济工作的决策部署上来，把握全面建成社会主义现代化强国的战略安排和目标任务，以中国式现代化全面推进中华民族伟大复兴。

第二章

全面建成社会主义现代化强国的战略安排和目标任务

全面建成社会主义现代化强国、实现第二个百年奋斗目标，以中国式现代化全面推进中华民族伟大复兴，是新时代新征程中国共产党的中心任务。党的二十大报告对全面建成社会主义现代化强国作出"两步走"总的战略安排，擘画了第二个百年奋斗目标的美好图景。我们要准确把握全面建成社会主义现代化强国的战略安排和目标任务，踔厉奋发、勇毅前行、团结奋斗，奋力谱写全面建设社会主义现代化国家崭新篇章。

一、全面建设社会主义现代化国家面临的形势

深刻把握全面建设社会主义现代化国家所面临的形势，必须深入分析国际国内发展大势，从战略的高度科学研判我国发展面临的机遇与挑战，牢牢把握新时代新征程党的中心任务，才能为新时代接续奋斗指明方向。

党的二十大报告总结了过去5年的工作和新时代10年的伟大变革，深刻地指出："党和国家事业取得历史性成就、发生历史性变革，推动我国迈上全面建设社会主义现代化国家新征程。"新时代10年的

历史性成就和伟大变革，使我国发展站在了更高的历史起点，迎来了全新的战略机遇。

第一，经济实力有了跃升式的发展。2022年，我国国内生产总值达到121万亿元，稳居世界第二；全国铁路营业里程达到15.5万公里，中国高铁成为中国经济一张亮丽的名片，营业里程世界领先；造船业三大指标持续保持世界第一；外贸规模突破6万亿美元；全国粮食总产量68653万吨；全国工业增加值达到40.2万亿元，制造业增加值达到33.5万亿元，均居世界首位。当世界各国受新冠疫情影响之际，中国率先走上了经济复苏之路，疫情之下实现了创纪录的贸易顺差；在世界经济复苏乏力之时，中国为之注入新动力。2022年11月，第五届中国国际进口博览会共有145个国家、地区和国际组织参展，来自127个国家和地区的2800多家企业参加企业商业展；展示438项代表性首发新产品、新技术、新服务，超过上届水平。首次搭建的数字进博平台吸引了368家技术装备企业线上参展，组织直播或转播活动64场，浏览量达60万次。本届进博会按一年计意向成交金额735.2亿美元。[1] 在各方共同努力下，第五届进博会实现了成功、精彩、富有成效的预期目标，无疑为世界和中国经济发展增添了新的生机活力。

第二，建立了更加完善的制度体系。党的十八大以来，以习近平同志为核心的党中央坚持立足实践，坚持问题导向和系统思维，统筹推进制度体系建设，着力破解影响和制约新时代制度建设的一些突出问题，中国特色社会主义制度取得了突出成就。

---

[1] 参见《第五届进博会按年计意向成交735.2亿美元》，《人民日报》2022年11月11日。

长风破浪未来可期的 中国经济

行驶在沪昆高铁上的"复兴号"动车组

中新图片 / 周围

第三，党的思想建设更加有力。"两个确立""两个维护"成为根本的思想遵循，为全党同志团结统一、艰苦奋斗、积极作为提供了思想动力。

第四，社会主义民主制度更加定型，深化推进，充满中国智慧。党充分吸收民意、汇聚民智，人民实现了内涵丰富、内容广泛的当家作主。《中华人民共和国民法典》的实施，体现了以人民为中心的发展思想，彰显了社会主义民主政治的优越性，展现了人民群众的共同意志。

第五，科技革命和产业变革，为国家发展带来新的机遇与挑战。进入21世纪以来，随着科技的不断发展，新一代信息技术加速突破应用，生命科学领域孕育全新医疗环境，先进制造业的快速发展推进制造生产技术走向绿色化、服务化和智能化。科技和产业的深刻变革，正在重塑全球经济结构，细微而又剧烈地影响着国家的发展和人民的生活，中国深处其中，并不断加速发展。

第六，我国的国际地位和影响力显著提高。中国是目前世界上影响力较大、综合实力较强的发展中国家，拥有比较完整的军事防御体系和国防建设体系，是国际政治经济体系中的一支重要力量。经济社会的快速发展，国家综合国力的提升，使中国在国际社会中发挥着越来越重要的作用。中国坚持走和平发展道路，积极利用联合国讲坛伸张正义。同时，中国作为最大的发展中国家，不断扩大"朋友圈"，建立全球伙伴关系网络，为发展中国家摆脱贫困走向成功提供了可资借鉴的成功经验。

战略任务是指在一定时期内要完成的目标。在新阶段，中国共产党的中心任务就是团结带领全国各族人民全面建成社会主义现代化强国、实现第二个百年奋斗目标，以中国式现代化全面推进中华民族伟大复兴。这是党和人民百年来所追求的理想目标。为了实现奋斗目标，100多年来，党经过艰辛探索，特别是新中国成立和改革开放以来，我国综合国力显著提高，经济建设、政治建设、文化建设、社会建设和生态文明建设统筹推进。在此基础上，经过党的十八大以来在理论和实践上的创新，中国式现代化得到了拓展。党的二十大报告明确概括了中国式现代化是人口规模巨大的现代化、是全体人民共同富裕的现代化、是物质文明和精神文明相协调的现代化、是人与自然和谐共生的现代化、是走和平发展道路的现代化这5个方面的中国特色。中国式现代化摒弃了西方现代化所遵循的生产力发展单纯服从资本的逻辑，摒弃了西方以资本为中心的现代化、两极分化的现代化、物质主义膨胀的现代化、对外扩张掠夺的现代化老路，实现了对西方现代化理论的超越。这5条鲜明的中国特色，也映射出我国发展过程中的严峻挑战。人口规模巨大是我国的基本国情。全国第七次人口普查统计数据显示，我国人口共14.1178亿人，未来一段时间内我国人口总量仍会保持在14亿以上。目前，全球进入现代化的人口总量不超过10亿，而中国幅员辽阔，人口众多，如在21世纪中叶建成社会主义现代化强国，在全球范围内的现代化模式中，步入现代化社会的人口规模将超过现有发达国家的总和。这是对人类发展和社会进步影响极其深远的大事。2022年底，我国人口较2021年末减少85万人，中国人口出现60年来的首次负增长，人口自然增长率已连续6年下降。这一变化将继续加深对人口总量和人口结构的影响，也将给国家未来发展带来明显制约。我们只有不断挖掘新的发展潜力，才能有效应对人口结构变化给我国发展带来的负面影响。中国是社会主义国家，但是处在社会主义初级阶段，这就要求我们坚持以经济建设为中心，坚持改革开放，在把"蛋糕"做大的同时，要把"蛋糕"分好，逐步迈向共同富裕。同时，不断提升人民群众的精神文化生活水平，加强社会主义精神文明建设，以中华优秀传统文化涵养社会主义核心价值观。坚持加强生态环境建设，坚定不移地走和平发展道路。

中国进入了新发展阶段。新发展阶段不是静态、固化和停滞的阶段，也不是一个自然而然形成和不用耗费太多力量就能跨过的阶段，而是一个从量的积累趋近质的飞跃、不断发展进步的、充满生机活力的动态发展阶段。具体来说，这一发展阶段是从现在到21世纪中叶，中华民族伟大复兴进入不可逆转的历史进程的新阶段，是全面建成社会主义现代化强国、实现中华民族伟大复兴的新阶段。立足新发展阶段，我们既要认识社会发展的连续性，又要抓住时代发展的阶段性，准确把握国际国内发展大势，统筹中华民族伟大复兴战略全局和世界百年未有之大变局，做好迎接机遇、风险和挑战的一切准备，为全面建成社会主义现代化强国，以中国式现代化全面推进中华民族伟大复兴打下牢固基础。

滚石上山，不进则退。党的二十大之后的5年是全面建设社会主义现代化国家开局起步的关键时期，尽管面对许多风险挑战，但机遇也前所未有，机遇大于挑战。在发展过程中，我们有党中央的坚强领导，有丰厚的人力资源和强劲的发展势头，还有物质基础作支撑，以及中华民族生生不息的民族自信和底气。一分部署，九分落实。在发展过程中，必须着力解决推动高质量发展过程中的瓶颈问题，冲破制度约束，进一步规范和完善市场机制；要将创新、协调、绿色、开放、共享的新发展理念贯彻到底，努力改善民生，将增进民生福祉放在第一位，建设更高水平开放型新体制，提升国际影响力和综合国力。在党的领导下，团结奋斗，就一定能够在新的战略阶段实现更大的发展和进步，为全面建设社会主义现代化国家打下坚实的基础。

当前，我国社会发展的战略环境正发生深刻变化。一方面，世界之变、时代之变、历史之变正以前所未有的方式展开。经济全球化成为时代潮流，人类日益趋于一个整体，和平与发展仍然是时代的主题，合作共赢成为国际交往的新理念，这决定了人类的前途命运是美好的、光明的。但恃强凌弱、欺瞒打压等霸权主义行为成为重大阻力，世纪疫情叠加，地缘政治冲突冲击全球经济，人类社会面临前所未有的压力与挑战。另一方面，复杂的国际环境，尤其是全球经济的寒冬来临，对我国发展环境产生直接影响。面对外部环境发生变化，中国城镇化进程还未完成、国有企业改革、新一轮的改革开放持续推进，人口红利继续存在，强大的发展韧性使新的战略环境的变化对中国经济和社会而言，是机会和挑战并存，可持续发展的潜力还没有完全释放，国家仍然处于重要战略机遇期。百年未有之大变局加速演进，全球经济实力对比"东升西降"趋势更加明显。根据国际货币基金组织数据统计，"2001年至2021年，新兴市场和发展中经济体占世界经济总量的比重从21.15%上升到40.92%，发达经济体占世界经济总量的比重则由78.85%下降至59.08%。新兴市场和发展中经济体仍保持相对发达经济体更快的增长速度，对世界经济增长的贡献率已经达到80%，成为全球经济增长的主要动力。"[1] 新兴市场和发展中国家经济增长态势明显，其发展潜力和发展速度近年明显强于发达国

---

[1] 谢伏瞻：《深刻把握全面建设社会主义现代化国家面临的形势》，《求是》2022年第22期。

家，这将使世界经济格局发生深刻而又持久的变化，对全球政治、文化、科技、生态等都将产生巨大影响。世纪疫情与百年变局相互交织，中国经济社会发展面临的风险挑战更加复杂多变。疫情深刻地改变了人类世界的生产和生活方式，受疫情冲击，逆全球化思潮抬头，单边主义、保护主义明显上升，局部冲突和动荡频发，对人类健康和国际秩序构成严峻挑战。这些挑战都要求我们统筹好国际国内两个大局，实施更深层次对外开放，建立应对风险挑战的预警和防范机制，加快构建新发展格局。

二、全面建成社会主义现代化强国的战略安排和目标任务

全面建成社会主义现代化强国是一场接力跑。在前期奋斗的基础之上，未来5年是开局起步的关键时期。以习近平同志为核心的党中央就建设什么样的社会主义现代化强国、怎样建设社会主义现代化强国，作出了"两步走"战略安排的宏观展望和蓝图绘制。"两步走"战略安排和目标任务，为建成社会主义现代化强国增添了新的内涵和要求，具有深远而重大的意义。

党的二十大报告明确提出，中国共产党的中心任务就是团结带领全国各族人民全面建成社会主义现代化强国、实现第二个百年奋斗目标，以中国式现代化全面推进中华民族伟大复兴。这一重要论断鲜明地指出了全面建成社会主义现代化强国的使命任务，系统全面地提出了中国式现代化的本质要求、重大原则和实践特色，是承前启后、继往开来的战略擘画。新时代新征程，我们要坚定战略自信，保持战略清醒，增强斗争信心，创造新的历史伟业。

坚持中国式现代化的历史逻辑。社会主义革命和建设时期，我国

初步提出实现"四个现代化"的战略目标和"两步走"的战略安排。改革开放之后，党和国家的面貌发生了深刻的变化，以邓小平同志为主要代表的中国共产党人在认真研判世情、国情、党情的基础之上，站在国家整装待发的新方位上，于1979年3月正式提出"中国式的现代化"概念。党的十八大以来，以习近平同志为主要代表的中国共产党人统筹把握两个大局，科学研判国际国内形势，创造性地提出了新的"两步走"的战略安排和"以中国式现代化推进中华民族伟大复兴"的使命任务。中国式现代化蕴藏着深厚的历史底蕴，它形成于百年奋斗之中，是符合中国国情的正确道路，也是推动中国走向富强美丽的正确道路。

党的二十大报告提出的中国式现代化，是中国共产党领导的社会主义现代化，既有各国现代化的共同特征，更有基于自己国情的中国特色。走向现代化是许多国家都在努力追求的目标，但世界上不存在统一的现代化标准和模式。中国式现代化与西方国家充满血腥、殖民和资本掠夺的现代化不同，它具有鲜明的中国特色。党的二十大报告对中国式现代化的5个重要特征进行了阐释，向世界宣告中国走向现代化之路的特色、标准和过程。坚持中国式现代化的中国特色，是马克思主义中国化的必然要求，也是党和人民的殷切希望。

坚持中国式现代化的本质要求。党的二十大报告对中国式现代化的本质要求进行了概括："坚持中国共产党领导，坚持中国特色社会主义，实现高质量发展，发展全过程人民民主，丰富人民精神世界，实现全体人民共同富裕，促进人与自然和谐共生，推动构建人类命运共同体，创造人类文明新形态。"这些本质要求，体现了中国式现代化与西方现代化的差异，展示了中国式现代化的优越性，彰显了中国特色社会主义的蓬勃生机，也深刻阐释了中国式现代化实现过程中的基本遵循。

在深刻把握新的使命任务基础上，更要对"两步走"战略安排进行深入领悟。党的二十大报告提出总的战略安排是分两步走：从2020年到2035年基本实现社会主义现代化；从2035年到21世纪中叶把我国建成富强民主文明和谐美丽的社会主义现代化强国。这一战略安排，是我们党统筹国际国内两个大局，根据新的发展形势和目标勾画出的全面建设社会主义现代化国家的时间轴和路线图，也是国家未来发展的宏伟蓝图。

新的战略安排是有客观依据，完全有把握能实现的。党的十八大以来，中国特色社会主义事业取得了全方位、开创性成就，为本世纪中叶全面建成社会主义现代化强国奠定了雄厚的物质基础。如今，我国是世界第二大经济体、制造业第一大国，并全面建成了小康社会，历史性地解决了贫困问题，国际地位和国际影响力有了大幅度跃升。这些物质保障推动着我国发展进入新的阶段。新的阶段必然会出现新的矛盾，抓住主要矛盾带动全局工作，是唯物辩证法的要求。矛盾的新变化给经济社会发展与党和国家事业带来了新要求。人民美好生活需要日益广泛，对各方面都有了更高要求。然而，我国社会生产力水平总体上提高，生产水平和生活方式有了极大改善，发展不平衡不充分问题成为现阶段我国发展的突出问题。着力解决这一问题，要在继续推动发展的基础上，大力提升发展质量和效益。新的战略目标将不断改善人民生活，也深刻改变世界现代化格局。在现代化进程中，我国在经济、社会、文化、生态文明等方面取得了伟大成就，这些成就从人民中来，又由人民共享，人民在方方面面日益增长的需要得到了

建立以深圳为代表的经济特区是推进中国式现代化的重大举措。图为深圳前海自贸区

中新图片 / 阙永福

较大满足。与此同时，人的全面发展、社会的进步取得巨大成果，这为人类文明进步作出了巨大贡献。拥有14亿多人口的中国迈入现代化社会，是人类发展史上的奇迹，必将改变现代化进程，重塑世界格局。走好新长征路要靠苦干实干。我们的现代化事业是历史和时代伟业，也是一段艰辛漫长的奋斗历程。我们生逢其时，并为之奋斗，是无比光荣和高尚的。历史和实践早已证明，党和国家事业蓬勃发展和人民福祉不断提高是"干"出来的。今天，我们处在全面建成社会主义现代化强国的第一个五年规划的重要时期，面对复杂的国际国内形势，要咬定青山不放松，以高昂的精神投入到伟大事业中去，奋力谱写强国兴国的新篇章。

党的二十大围绕基本实现社会主义现代化，从8个方面确定了到2035年我国现代化发展的目标任务，也提出了更高的要求。一是经济实力大幅度跃升，保持长期平稳发展。党的二十大报告指出，"到二〇三五年，我国发展的总体目标是：经济实力、科技实力、综合国力大幅跃升，人均国内生产总值迈上新的大台阶，达到中等发达国家水平；实现高水平科技自立自强，进入创新型国家前列"。改革开放40多年来，中国经济实力快速增强，经济总量1978年世界排名11位，2008年世界排名第3位，2010年超越日本成为世界第二大经济体，并在此之后稳居世界第2位。生产力水平大幅度提升，经济实力显著增强。二是科技自立自强，进入创新型国家前列。科技的自立自强是我国高质量发展、建设现代化强国的基础和战略支撑，在科技发展领域，要主动构建科技发展新格局，加强顶层设计，加强基础研究，将我国在全球的创新指数推向世界前列，提升对世界科技发展进步的贡献率。三是基本实现新型工业化、信息化、城镇化、农业现代化。构建新发展格局是中国式现代化必然途径选择，要推动形成以国内大循环为主体，国内国际双循环相互促进的新发展格局，以人为核心的新型城镇化基本实现，农业综合实力大幅度提高，现代乡村产业体系基本形成。四是基本实现国家治理体系和治理能力现代化。党的二十大报告指出，"基本实现国家治理体系和治理能力现代化，全过程人民民主制度更加健全，基本建成法治国家、法治政府、法治社会"。推进国家治理体系和治理能力现代化，主动回应我国在新的发展阶段面临的严峻挑战，进一步解放思想，总结治理经验，发扬全过程人民民主，结合国情并借鉴西方治理经验，健全治理体系，提升治理能力，形成良好的新法治格局。五是建成教育强国、科技强国、人才强国、文化强国、体育强国、健康中国。国家软实力得到大幅度提升，实现优质均衡义务教育，各类高层次人才更多涌现，人才得到全面综合发展。到 2035 年，人均预期寿命能够提高到 80 岁以上。六是人民生活更加幸福美好。人民生活水平和质量得到跃升，拥有更美好的生活和更丰富的精神世界，人的全面发展能力持续提升。七是绿色生产生活方式广泛形成，国家生态环境得到明显改善，美丽中国目标基本实现，2035 年能够看到更自然、健康、美丽的森林、湿地、海洋等生态系统。八是基本实现国防和军队现代化，加快机械化信息化智能化融合发展，构建国防和军队现代化人才培养体系，推动国防和军队建设达到世界先进水平。

展望 21 世纪中叶，我国全面建成社会主义现代化强国，人的现代化、物质的现代化和治理现代化已经实现，制造强国、航天强国、质量强国、海洋强国等已经建成，国家进入中等发达国家行列，人的全面发展取得更为明显的实质性进展。我国的社会主义现代化，是实现经济社会全面进步、国家软硬实力同时提升、人民共同富裕和全面发展的现代化。它彰显出中国共产党矢志不移的奋斗初心，展现了中华民族生生不息的强大生命力，也反映了中国人民对世界进步作出更大贡献的天下情怀。

三、全面建成社会主义现代化强国必须牢牢把握的重大原则

全面建成社会主义现代化强国，既是历史和时代赋予的使命，也是一项艰巨的任务。党的二十大报告鲜明地提出了全面建成社会主义现代化强国必须牢牢把握的 5 条重大原则。这 5 条重大原则，是党对百年奋斗历史经验的科学总结和丰富发展，必须认真学习、科学把握，将这 5 条重大原则落实到党和国家事业发展的全过程全方位。

第一,坚持和加强党的全面领导,发挥制度优势。"天下将兴,其积必有源。"中国共产党领导是中国特色社会主义制度的最大优势,也是实现中华民族伟大复兴的根本保证。历史和实践证明,是党和人民的不懈努力将中国特色社会主义事业推向前进。中国共产党是全体人民最可靠的主心骨,是国家发展过程中乘坐的"中华号"列车的火车头。新的征程上,要始终坚持和加强党的全面领导,确保全面建设社会主义现代化国家方向正确。

只有中国共产党才能领导中国实现中华民族伟大复兴。党的领导是全国各族人民的共同意志,是决定党和国家命运的根本力量。回望历史,近代以来的中国,国家蒙辱、人民蒙难、文明蒙尘,新中国成立初期,基础差、底子薄、人口多、资源分布不均,国家千疮百孔、百废待兴。这样的国家之所以一步一步走到现在,关键在于党的领导。是勇于自我革命、人民衷心拥护、具有坚定信仰的中国共产党,团结带领中国人民,在不懈奋斗中创造了一个从站起来到富起来再到强起来的新中国。党是领导一切的,是中国人民的主心骨,也是未来中国各项事业向前发展的根本保证。1840年鸦片战争以后,中华民族面临空前危机,为了拯救民族危亡,中国人民奋起反抗,但都以失败告终。中国共产党成立以后,带领中国人民团结起来,同仇敌忾、同心协力,最终迎来了新民主主义革命的伟大胜利。党的百年历史进程也深刻昭示:党的领导是我们开创未来的根本保障。新时代,坚持和加强党的全面领导,最根本的就是深刻领悟"两个确立"的决定性意义,坚决做到"两个维护"。"两个确立"是党的理论的最新政治成果,是新时代党团结带领全体人民团结奋斗的重要思想基础,"两个维护"是我们党最高政治原则,两者着眼于实现全面建设社会主义现代化国家的目标任务，是最高的政治要求。要把党的领导落实到位。一要坚持理论学习，学习党的最新理论成果，即习近平新时代中国特色社会主义思想，并用以指导实践。习近平新时代中国特色社会主义思想博大精深，其蕴含的世界观和方法论，是我们把握历史主动、应对风险挑战和进行实践创造的根本所在。要坚持不懈用习近平新时代中国特色社会主义思想凝心铸魂，不断巩固新时代团结奋斗的共同思想基础。二要在感悟和学习中，全面加强党的建设，充分发挥党的领导政治优势，让党的领导渗透到国家事业发展各领域、各方面。

第二，坚持走中国特色社会主义道路，增强道路自信。中国共产党全部理论和实践的立足点就是走自己的路，这是党百年奋斗得出的历史结论。中国特色社会主义道路深深根植于中华优秀传统文化和中国社会丰厚土壤之中，是马克思主义基本原理同中国具体实际相结合、同中华优秀传统文化相结合的历史和时代的产物。坚定道路自信，是中国共产党带领中国人民继续创造辉煌、奋勇前行的底气和优势所在。

道路自信源于马克思主义的世界观和方法论的运用。唯物史观揭示了人类社会发展的一般规律，为当代社会的发展与进步提供了路径选择，指明了人类自由全面发展的辉煌之路。中国特色社会主义道路自信的理论基础来自唯物史观，揭示了社会发展的内在机制与结构，其合理性赢得了探索救国救民和民族复兴的中国共产党和人民的信任。中国特色社会主义道路不是凭空而来的，也不是国外现代化发展的翻版，更不是简单套用马克思主义经典作家和中国历史文化中设想的模板，它是历史和人民的选择。鸦片战争以后，无数仁人志士抛头颅洒热血，前赴后继地投入到革命斗争中去，却深陷道路不通、前途不明的怪圈。太平天国运动遭到失败，洋务运动以甲午海战北洋水师全军覆灭宣告失败，随后的百日维新、清末新政等均无果而终，辛亥革命虽然推翻了清王朝的统治，但胜利果实被窃取。1921年中国共产党成立，中国人民从此有了主心骨，中国革命的面貌开始焕然一新，最终迎来了新民主主义革命的胜利。新中国成立后，在党和人民的努力下，我国社会主义现代化事业蒸蒸日上。1978年我国实行改革开放，中国特色社会主义事业又有了质的飞跃。从新民主主义革命时期到社会主义革命时期，再到改革开放新时期，三个阶段层层递进，在理论和实践的交织演进中，不断彰显道路自信，也孕育出了中国特色社会主义新时代。这也充分证明，中国特色社会主义道路源自党领导人民的伟大实践之中，深深扎根于中国的国情，具有广泛而深厚的群众基础。

第三，坚持以人民为中心的发展思想，增进民生福祉。民心是最大的政治，决定事业兴衰成败。人民立场是中国共产党的根本政治立场。中国共产党与西方政党不同的显著标志，就在于我们党始终将人民幸福作为发展基础，将民生视作国家发展的血液和社会和谐的根本。

坚持一切发展为了人民。坚持人民立场不是一句空头口号，必须落在实处。进入发展新征程，坚持一切发展为了人民，才能以更昂扬的姿态和更磅礴的伟力奋进。坚持一切发展紧紧依靠人民。人民是历史的创造者，是社会变革的决定力量。从革命战争年代动员群众、依靠群众进行战争，到改革开放以后动员人民群众加入中国特色社会主义事业建设，再到新时代汇聚人民群众强大力量推进全面建成社会主义现代化强国，都生动诠释了人民群众是我们党的力量之源，密切联系人民群众、紧紧依靠人民群众是我们党跨沟迈坎、赢得胜利的关键。要牢记全心全意为人民服务的根本宗旨，树立群众是真正英雄的历史唯物主义观点。要拜人民为师，增进与人民群众的感情，从人民群众中获取"金点子"和"良方子",在推动工作中产生智慧火花。在新征程上,必须坚持把人民放在第一位,与人民同呼吸、共命运、心连心。只有始终与人民站在一起、想在一起、干在一起,我们的事业才会无往而不胜。

　　第四,坚持深化改革开放,提升内生动力。唯改革者进,唯开放者强。改革开放40多年来,中国共产党带领中国人民用勤劳、智慧和勇气,谱写了改革开放的伟大篇章,推动我国经济、国防和综合实力迈向世界先进行列,开创了一条有中国特色的社会主义道路。只有

唯改革者进,唯开放者强。改革开放是推动国家发展的根本动力。图为湖北省武汉市阳逻港区水域千帆竞发

把改革开放不断推向前进，才能把握时代潮流，在新时代新征程上大步前行。

改革开放是推动国家发展的根本动力。在1978年以前，中国远远落后于世界。经过40多年的改革开放，我国经济社会发展取得了历史性跨越，党和国家面貌焕然一新，中国人民过上了美好生活，中国成为屹立于世界东方的一颗璀璨明珠。与此同时，面对国际国内复杂形势，我们成功克服困难，解决矛盾，跨越风险，以更大的决心和勇气实施了更大范围、更深层次、更高要求的改革与开放，为我国经济社会发展注入了强大的内生动力。全面建设社会主义现代化国家新征程上，应在准确把握改革开放的伟大历史经验的基础上，深入推动改革创新，坚定不移扩大开放。坚持党的领导，确保改革开放方向正确。党的十八大以来，改革开放深入推进，中央成立了全面深化改革委员会，并作出了一系列重大战略部署，确保改革开放这艘巨轮朝着正确的航向破浪前行。坚持发展成果由人民共享。只有改革开放成果由人民共享，才能坚持以人为本，才能不断满足人民的美好生活需要，最终激发人民生产的活力与激情，使社会主义发展事业和成果产生良性循环。让人民群众共享发展成果，必须建立公正的利益协调机制和公平分配机制，以缩小收入分配差距为目标，以正确处理效率和公平的关系为基本方针，努力实现居民收入增长和经济发展同步。只有让人们真正体会到发展成果由人民共享的温暖，才能提高人民群众的积极性、主动性、创造性，从而形成与党同心同德、团结奋进的磅礴力量。

第五，坚持发扬斗争精神，提高斗争本领。斗争精神贯穿社会主义现代化建设事业全过程，是党带领中国人民不断取得胜利的基因密码。党和人民事业的不断前进，不是轻轻松松就能推进的，是在把握了许多斗争特点和斗争形势基础上，付出了巨大的牺牲和艰辛的努力获取的。在新征程上，面对机遇和挑战，我们要坚定斗争意志，增强斗争本领，发扬斗争精神。

敢于斗争、敢于胜利，是中国共产党的鲜明品格，也是党和人民不可战胜的强大精神力量。矛盾与斗争一直都存在，有矛盾运动才会有社会进步，社会进步依靠不断斗争取得。回望中国近现代史，党的成立、新中国的成立、改革开放和中国特色社会主义进入新时代，无一不是在斗争中发展和推进的。无论斗争形势如何复杂，斗争过程如何艰辛，斗争任务如何困难，党和人民始终团结奋斗，百折不挠，在困难中打开一个又一个新局面，取得一个又一个伟大胜利。要发扬斗争精神，更要增强斗争本领。斗争可以表现为意志和精神，也可以体现为手段和方法，更可以成为一种艺术。比如，用党的创新理论武装头脑，便能在复杂的斗争形势中保持清醒、锚定方向。著名物理学家于敏隐姓埋名、潜心钻研氢弹，为国家发展作出了巨大贡献。面对突如其来的新冠疫情，无数年轻人奔赴疫情前线……斗争本领不是与生俱来的，只有经过严格的思想淬炼、政治历练、实践锻炼，只有经受来自思想、政治、实践和技能的多重淬炼，才能锤炼出斗争本领。增强斗争本领，要在理论上保持清醒，要始终坚持党的领导和中国特色社会主义制度不动摇，切实增强斗争本领，自觉肩负起民族复兴的历史使命。

第三章

坚持党对经济工作的集中统一领导

中国特色社会主义最本质的特征是中国共产党领导，中国特色社会主义制度的最大优势是中国共产党领导。2022年底召开的中央经济工作会议强调，做好经济工作，必须坚持党的全面领导特别是党中央集中统一领导。面对当前我国经济需求收缩、供给冲击、预期转弱的三重压力，以及国际环境动荡不安给我国经济带来的负面影响，必须充分发挥党中央集中统一领导的"定海神针"作用，增强"四个意识"、坚定"四个自信"、做到"两个维护"，确保我国经济发展始终沿着正确方向稳步前行。

一、以习近平新时代中国特色社会主义思想为指导

新时代10年，我国各项事业取得举世瞩目的历史性成就、发生历史性变革，根本在于有习近平同志作为党中央的核心、全党的核心掌舵领航，根本在于有习近平新时代中国特色社会主义思想的科学引领。加强党对经济工作的全面领导，必须把习近平新时代中国特色社会主义思想贯彻落实到经济工作各领域全过程，切实把思想和行动统一到党中央对经济工作的重大决策和重要部署上来。

习近平新时代中国特色社会主义思想是马克思主义中国化最新成果，是当代中国马克思主义、21世纪马克思主义，是中华文化和中国精神的时代精华，实现了马克思主义中国化时代化新的飞跃。唯有坚持习近平新时代中国特色社会主义思想的科学指导，全党全国各族人民才有精神上的主心骨、思想上的定盘星、行动上的指南针，才能在历史前进的逻辑中前进，在时代发展的潮流中发展。习近平经济思想是习近平新时代中国特色社会主义思想的重要组成部分，科学继承马克思主义政治经济学和中国特色社会主义政治经济学的理论精髓，同时充分汲取中华优秀传统文化的营养精华，吸收借鉴西方经济学中的有益成分和世界各国经济社会发展经验，是党在经济领域的指导思想。

习近平总书记将马克思主义政治经济学基本原理与中国实际和时代特征相结合，创造性提出关于我国经济发展的一系列新思想新理念新论断新要求，充分彰显了以习近平同志为核心的党中央对我国经济发展规律尤其是社会主义经济建设规律的深刻洞见，极大丰富和发展了马克思主义政治经济学。

第一，习近平总书记提出加强党对经济工作的全面领导的重大理论观点，丰富和发展了马克思主义政治经济学关于政治与经济关系的理论。习近平总书记强调："加强党对经济工作的领导，全面提高党领导经济工作水平，是坚持民主集中制的必然要求，也是我们政治制度的优势。"[1]

第二，习近平总书记提出坚持以人民为中心的发展思想，丰富和发展了马克思主义政治经济学关于社会主义经济本质的理论。习近平

---

[1] 习近平:《中国共产党领导是中国特色社会主义最本质的特征》,《求是》2020年第14期。

总书记强调，以人民为中心的发展思想要体现在经济社会发展各个环节，充分彰显了人民至上的鲜明导向。习近平总书记鲜明指出："我们推动经济社会发展，归根到底是为了不断满足人民群众对美好生活的需要。"[1] 习近平总书记在党的二十大报告中指出："不断实现发展为了人民、发展依靠人民、发展成果由人民共享，让现代化建设成果更多更公平惠及全体人民。"

第三，习近平总书记提出树立和坚持新发展理念，丰富和发展了马克思主义政治经济学关于经济发展的指导原则。习近平总书记强调，"坚持新发展理念是关系我国发展全局的一场深刻变革"[2]，"把新发展理念贯彻到经济社会发展全过程和各领域"[3]，"真正做到崇尚创新、注重协调、倡导绿色、厚植开放、推进共享"[4]。

第四，习近平总书记作出我国经济已由高速增长阶段转向高质量发展阶段的重大论断，丰富和发展了马克思主义政治经济学关于社会主义经济发展阶段的理论。习近平总书记强调，我国经济正在向形态更高级、分工更复杂、结构更合理的阶段演化，要深刻认识新时代我国经济发展新常态的阶段性特征，立足新发展阶段，推动高质量发展，为准确把握新时代我国经济发展的历史方位提供了根本遵循。

第五，习近平总书记提出加快完善社会主义市场经济体制的重要思想，丰富和发展了马克思主义政治经济学关于市场经济的理论。习近平总书记强调，要使市场在资源配置中起决定性作用，更好发挥

---

[1] 习近平：《坚持人民至上》，《求是》2020年第20期。
[2] 习近平：《把握新发展阶段，贯彻新发展理念，构建新发展格局》，《求是》2021年第9期。
[3] 习近平：《全党必须完整、准确、全面贯彻新发展理念》，《人民日报》2022年8月16日。
[4] 《聚焦发力贯彻五中全会精神 确保如期全面建成小康社会》，《人民日报》2016年1月19日。

政府作用,着力解决市场体系不完善、政府干预过多过细、监管不到位问题,积极稳妥地推进市场化改革,转变政府职能、深化行政体制改革、创新监管方式方法,提升公共服务水平、提高政府行政效能,着力建设人民满意的服务型政府。

第六,习近平总书记提出供给侧结构性改革的重大方针,丰富和发展了马克思主义政治经济学关于生产和需要两者关系的理论。习近平总书记作出我国经济运行主要矛盾是供给侧结构性矛盾的重大判断,强调用改革的办法推进结构调整,通过优化要素配置和调整生产结构来提高供给体系质量和效率,实现由低水平供需平衡向高水平供需平衡的跃升,进而推动我国经济增长。

第七,习近平总书记作出构建新发展格局的重大战略抉择,丰富

在习近平经济思想指引下,中国经济从总量、结构到内涵,都发生了历史性变革,走上了高质量发展之路。图为 2023 年 1 月 28 日山东青岛港前湾集装箱码头

中新图片 / 韩加君

和发展了马克思主义政治经济学关于社会再生产的理论。习近平总书记强调，加快构建以国内大循环为主体、国内国际双循环相互促进的新发展格局，把构建新发展格局同实施区域重大战略、国家区域协调发展战略、主体功能区战略、建设自由贸易试验区等有机衔接起来，全面提高对外开放水平，塑造我国参与国际合作和竞争的新优势。

第八，习近平总书记提出引导经济全球化健康发展的重要思想，丰富和发展了马克思主义政治经济学关于世界市场的理论。习近平总书记从构建人类命运共同体的战略高度出发，科学解答了"经济全球化向何处去"的时代之问、世界之问，倡导以平等为基础、以开放为导向、以合作为动力、以共享为目标的全球经济治理观，为推动经济全球化朝着更加开放、包容、普惠、平衡、共赢的方向发展作出了重要贡献。

习近平经济思想坚持目标导向和问题导向相统一，深刻总结国内外发展经验教训、深入分析国内外发展趋势，形成了新发展理念，科学回答了新时代我国实现什么样的发展和怎样实现发展的问题，是我国进入新发展阶段、贯彻新发展理念、构建新发展格局，推动我国经济高质量发展的战略指引和基本要求。

二、坚持把发展作为党执政兴国的第一要务

党的二十大报告强调："高质量发展是全面建设社会主义现代化国家的首要任务。发展是党执政兴国的第一要务。"党坚持用发展的方法解决前进中的问题，团结带领全国各族人民在不断推动更高质量的发展中，积累更为坚实的物质基础，凝聚更为主动的精神力量，是党赢得人民拥护、引领民族进步的关键所在。

中国共产党自诞生之日起，就代表着我国先进生产力的发展要求，解放和发展生产力贯穿党的百年奋斗历程。新时代10年砥砺奋进，我国经济持续健康发展，经济实力实现历史性跃升，大国经济地位得到进一步巩固。面对波谲云诡的国际环境和国内经济运行的新情况新特点，以习近平同志为核心的党中央坚持稳中求进的工作总基调，不断完善宏观调控，有力有效应对风险挑战冲击，我国综合国力显著增强，国际影响力稳步提升。2013—2021年，国内生产总值（GDP）年均增速达6.6%[1]，2022年增速为3%[2]，经济增速连续多年在世界主要经济体中居于前列，成为世界经济增长的主要贡献国，平均贡献率超过30%，位居世界第一。国内生产总值由2012年的53.9万亿元提升到2022年的121万亿元以上，连续多年稳居世界第二大经济体、第二大消费市场、制造业第一大国、货物贸易第一大国、外汇储备第一大国。人均GDP从2012年的6300美元提升至2022年的12741美元。[3] 我国谷物总产量稳居世界首位，制造业总体规模稳居世界第一，建成全球最大的高速铁路网、高速公路网、网络零售市场、5G网络，发展物质基础更加坚实。

我国创新发展动能不断增强，创新型国家建设取得新进展，迈入创新型国家行列。面对全球新一轮科技革命和产业变革给我国经济社会发展带来的重大机遇与挑战，各级党政机关坚持创新在我国现代化建设全局中的核心地位，深入实施创新驱动发展战略，加快转变经济

---

[1] 参见《新理念引领新发展　新时代开创新局面——党的十八大以来经济社会发展成就系列报告之一》，国家统计局网站2022年9月14日。

[2] 参见《中华人民共和国2022年国民经济和社会发展统计公报》，《人民日报》2023年3月1日。

[3] 参见《奋进在不可逆转的复兴进程上——从全国两会看新时代十年伟大变革》，新华社2023年3月7日。

发展方式，创新第一动力作用日益凸显。我国研发投入规模居世界第二位。2022年，研究与试验发展（R&D）经费支出30870亿元，比2021年增长10.4%，占GDP比重为2.55%。[1]新产业、新业态、新商业模式等"三新"经济蓬勃发展，成为我国经济发展的重要引擎。全年高技术产业投资比2021年增长18.9%。全年新能源汽车产量700.3万辆，比2021年增长90.5%；太阳能电池（光伏电池）产量3.4亿千瓦，增长46.8%。信息传输、软件和信息技术服务业增加值47934亿元，增长9.1%；劳动生产率明显提升。2022年，全员劳动生产率为152977元/人，比2021年提高4.2%。[2]全球创新指数排名十年上升22位，我国排名升至第12位，成为全球创新版图中日益重要的一极。世界知识产权组织发布的《2022年全球创新指数报告》显示，我国排名从2012年的第34位，上升至第11位。[3]

我国协调发展稳步推进，经济结构不断优化。面对发展不平衡不充分、不协调、不可持续的突出问题，各级党政机关牢牢把握扩大内需这一战略基点，紧紧抓住供给侧结构性改革这一主线，推动城乡区域均衡协调发展，经济发展协调性、可持续性显著提升。产业升级态势整体向好。全年规模以上工业中，高技术制造业增加值比2021年增长7.4%，占规模以上工业增加值的比重为15.5%；装备制造业增加值增长5.6%，占规模以上工业增加值的比重为31.8%。全年规模以上

---

[1] 参见《2022年我国R&D经费突破3万亿元 与GDP之比达2.55%》，国家统计局网站2023年1月20日。

[2] 参见《中华人民共和国2022年国民经济和社会发展统计公报》，《人民日报》2023年3月1日。

[3] 参见操秀英：《〈2022年全球创新指数报告〉发布 中国升至第11位》，中国科技网2022年9月29日。

服务业中，战略性新兴服务业企业营业收入比2021年增长4.8%。全年电子商务交易额438299亿元，按可比口径计算，比2021年增长3.5%。全年网上零售额137853亿元，按可比口径计算，比2021年增长4.0%。全年规模以上服务业企业营业收入比2021年增长2.7%，利润总额增长8.5%。新型城镇化建设扎实推进，全面推进乡村振兴，城乡发展差距明显缩小。2022年末全国常住人口城镇化率为65.22%，比2021年末提高0.50个百分点。城乡居民人均可支配收入比值为2.45，比2021年缩小0.05。东中西和东北"四大板块"联动发展，京津冀协同发展、长江经济带发展等区域协调均衡发展呈现新面貌。全年东部地区生产总值622018亿元，比2021年增长2.5%；中部地区生产总值266513亿元，增长4.0%；西部地区生产总值256985亿元，增长3.2%；东北地区生产总值57946亿元，增长1.3%。全年京津冀地区生产总值100293亿元，比2021年增长2.0%；长江经济带地区生产总值559766亿元，增长3.0%；长江三角洲地区生产总值290289亿元，增长2.5%。粤港澳大湾区建设、黄河流域生态保护和高质量发展等区域重大战略稳步推进。

我国绿色发展趋势持续向好，美丽中国建设迈出重大步伐。面对日益严峻的能源资源环境约束和人民群众对优美生态环境需要，各级党政机关坚持绿水青山就是金山银山的理念，绿色发展、循环发展、低碳发展扎实推进，生态文明建设和生态环境保护发生历史性、转折性、全局性变化。污染防治攻坚战取得了阶段性显著成果，交出了守护蓝天、碧水、净土的亮眼"成绩单"。2022年，在监测的339个地级及以上城市中，全年空气质量达标的城市占62.8%，未达标的城市占37.2%；细颗粒物（$PM_{2.5}$）年平均浓度29微克/立方米，比2021

年下降 3.3%。3641 个国家地表水考核断面中，全年水质优良（Ⅰ—Ⅲ类）断面比例为 87.9%。节能降耗实效明显，稳步向使用安全高效的清洁低碳、清洁能源转型。2022 年，我国天然气、水电、核电、风电、太阳能发电等清洁能源消费占能源消费总量的 25.9%，比 2021 年上升 0.4 个百分点。碳达峰碳中和的庄严承诺有序践行，全社会节能环保意识显著提高，绿色健康生产生活方式逐步成形。

我国开放发展走向更高水平，加快形成全面开放新格局。面对世界经济增长和贸易格局的深刻变化，我国坚定不移推进高水平对外开放，坚持经济全球化正确方向，以开放的姿态赢得国际经济合作与竞争的主动权，全面拓展对外开放的深度和广度。贸易第一大国地位持续巩固。2022 年货物进出口总额 420678 亿元，比 2021 年增长 7.7%。其中，出口 239654 亿元，增长 10.5%；进口 181024 亿元，增长 4.3%。货物进出口顺差 58630 亿元，比 2021 年增加 15330 亿元。全年服务进出口总额 59802 亿元，比 2021 年增长 12.9%。其中，服务出口 28522 亿元，增长 12.1%；服务进口 31279 亿元，增长 13.5%。服务进出口逆差 2757 亿元。双向投资达到新高度。全年外商直接投资新设立企业 38497 家，比 2021 年下降 19.2%。实际使用外商直接投资金额 12327 亿元，增长 6.3%，折 1891 亿美元，增长 8.0%。全年高技术产业实际使用外资 4449 亿元，增长 28.3%，折 683 亿美元，增长 30.9%。全方位高水平开放型经济加快形成，共建"一带一路"成果丰硕，对沿线国家进出口总额 138339 亿元，比 2021 年增长 19.4%。其中，出口 78877 亿元，增长 20.0%；进口 59461 亿元，增长 18.7%。[1]

---

[1] 参见《中华人民共和国 2022 年国民经济和社会发展统计公报》，《人民日报》2023 年 3 月 1 日。

我国共享发展持续推进，发展成果更多更公平惠及全体人民。面对人民群众日益增长的美好生活需要和不平衡不充分的发展之间的矛盾，以习近平同志为核心的党中央始终坚持以人民为中心的发展思想，坚决打赢脱贫攻坚战，全力稳就业稳物价保民生，不断促进基本公共服务均等化，人民群众的获得感、幸福感、安全感更加充实、更有保障、更可持续。脱贫攻坚战取得全面胜利，近1亿农村贫困人口实现脱贫，832个贫困县脱贫摘帽，绝对贫困问题得到历史性解决，创造了又一个彪炳史册的人间奇迹。就业形势总体改善。10年来全国就业人数稳定在7.4亿人以上，城镇新增就业人数年均超过1300万人。居民收入与经济增长基本同步。[1] 2022年全国居民人均可支配收入36883元，比2021年增长5.0%，扣除价格因素，实际增长2.9%。全国居民人均可支配收入中位数31370元，增长4.7%。建成世界上规模最大的教育体系、社会保障体系、医疗卫生体系，人民群众生活环境质量得到大力改善。[2]

面对新时代新征程新使命新任务，既要清醒看到推动发展的长期性、艰巨性和复杂性，更要深刻认识到我国具有中国共产党的坚强领导、中国特色社会主义制度的显著优势、持续快速发展积累的坚实基础、长期稳定的社会环境和自信自强的精神力量这5个战略性有利条件，我们完全有信心有能力、有基础有条件推动经济高质量发展，实现全面建成社会主义现代化强国目标，以中国式现代化全面推进中华民族伟大复兴。高质量发展不仅是我们党领导经济工作必须长期坚持的总要求，更是社会发展稳定的总要求。我们要完整、准确、全面贯

---

[1] 参见中共国家统计局党组：《锚定高质量发展之路勇毅前行》，《求是》2022年第22期。
[2] 参见《中华人民共和国2022年国民经济和社会发展统计公报》，《人民日报》2023年3月1日。

彻新发展理念，加快构建新发展格局，促进在高质量转型发展上迈出更大步伐，奋力谱写全面建设社会主义现代化国家新篇章。

三、完整、准确、全面贯彻新发展理念

2021年1月28日，中央政治局就做好"十四五"时期我国发展开好局、起好步的重点工作进行第二十七次集体学习，习近平总书记主持学习并发表重要讲话，从"扎扎实实贯彻新发展理念""落实以人民为中心的发展思想""继续深化改革开放""坚持系统观念""善于从政治上看问题"5个方面，对完整、准确、全面贯彻新发展理念作出深刻论述、提出明确要求。

新时代新征程，面对严峻复杂的国际形势和艰巨繁重的国内改革发展稳定任务，以习近平同志为核心的党中央高瞻远瞩、统揽全局、把握大势，对经济社会发展提出了一系列新理念新思想新战略，引导我国经济建设取得历史性成就、发生历史性变革。在习近平新时代中国特色社会主义思想的科学指引下，全党全国各族人民完整、准确、全面贯彻新发展理念，我国经济建设取得重大成就。我国经济实力跃上新台阶。在转向高质量发展的阶段中，不断完善和优化宏观调控，经济发展既保持了量的合理增长，也实现了质的有效提升。2022年我国经济总量达到121万亿元，人均国内生产总值达到85698元，比2021年增长3%。区域协同发展战略取得重大成就，扎实推进雄安新区高标准高质量建设，不断深化粤港澳大湾区合作，持续激发长三角地区创新发展活力，形成带动全国高质量发展的动力源。稳步推进脱贫攻坚与乡村振兴战略有效衔接，构建优势互补的区域经济布局，中心城市和城市群等经济协同发展优势更明显，我国经济发展的平衡

性、协调性、可持续性显著增强。科技事业创新发生历史性、整体性、格局性重大变化。我国全球创新指数排名由2012年的第34位提升到2022年的第11位，在一些重要领域实现了历史性跨越。推动北京、上海、粤港澳大湾区国际科技创新中心和怀柔、张江、合肥、大湾区综合性国家科学中心等高技术产业基地建设。高铁技术、航空航天、第三代核电、北斗导航等大国重器成为国家新名片。量子通信、人工智能、区块链、无人驾驶等新技术开发应用走在世界前列。生态文明建设成效显著。习近平总书记提出的"绿水青山就是金山银山"理念深入人心，逐步走上生态优先、绿色发展的道路，长江经济带生态修复和环境保护建设稳步推进，长江"十年禁渔"全面实施，黄河流域防洪体系不断完善，山水林田湖草沙一体化保护和系统化治理成效明显。大力推动产业绿色转型和能源结构优化调整，加快推进大型风电、光伏基地建设，坚决遏制高能耗、高排放、高污染项目盲目发展，单位国内生产总值能耗下降约26.2%。持续打好"蓝天碧水净土"保卫战，污染防治攻坚战阶段性目标圆满实现，生态文明制度体系基本形成。人民生活实现全方位改善。脱贫攻坚战取得全面胜利，现行标准下9899万农村贫困人口全部脱贫，创造了彪炳史册的人间奇迹。坚持人民至上、生命至上，统筹疫情防控和经济社会发展取得举世瞩目的成果。就业质量明显提升，城镇新增就业年均1300万人以上。科教事业蓬勃发展，劳动年龄人口平均受教育年限达10.9年，新增劳动力平均受教育年限达13.8年，我国从人力资源大国向人力资源强国迈进。城乡基本医疗公共服务均等化程度不断提高，人均预期寿命提高到77.93岁，主要健康指标居于中高收入国家前列，全民健身公共服务体系基本建立。社会保障普惠全体人民，民生兜底保障进一步巩固。经济安

长风破浪未来可期的 中国经济

"中国天眼"作为国家重大科技基础设施,是观天巨目、国之重器,是中国在前沿科学领域的一项重大原创突破。图为"中国天眼"

全得到全面加强。我国粮食产量自 2015 年起连续 7 年稳定在 1.3 万亿斤以上，确保口粮绝对安全、谷物基本自给，把中国人的饭碗牢牢端在自己手中。能源供给和服务保障能力持续提升，不断完善煤电油气产供储销体系。稳步推进高标准市场体系建设，要素市场化配置体制机制更加完善，全国统一大市场正在加快形成。全力保障产业链供应链安全、畅通、稳定，5G 通信、基础软件、工业母机、新能源及智能汽车、可再生能源发展等领域的关键核心技术攻关步伐显著加快。[1]

新时代 10 年的伟大变革，用事实证明了新发展理念顺应时代发展潮流，是破解发展难题、增强发展动力、厚植发展优势、推动我国经济高质量发展的行动指南，是我们党和国家事业发展必须长期坚持与全面贯彻的基本方略。越是风高浪急挑战重重，越要完整、准确、全面贯彻新发展理念的要求。

第一，扎扎实实贯彻新发展理念。新发展理念是一个整体，在贯彻落实的过程中要完整把握、准确理解、全面落实，把新发展理念贯彻到经济社会发展全过程各领域。习近平总书记强调，全党要深刻认识和把握新发展理念的重大意义和丰富内涵，并就"完整把握、准确理解、全面落实"新发展理念提出要求：要抓住主要矛盾和矛盾的主要方面，切实解决影响构建新发展格局、实现高质量发展的突出问题，切实解决影响人民群众生产生活的突出问题；新发展理念在工作中都要予以关注，使之协同发力、形成合力，不能畸轻畸重，不能以偏概全。

第二，落实以人民为中心的发展思想。共同富裕是社会主义的本质要求，也是中国式现代化的重要特征。进入新发展阶段，完整、准

---

[1] 参见《求是》杂志编辑部：《新时代我国发展壮大的必由之路》，《求是》2022 年第 16 期。

确、全面贯彻新发展理念，必须更加注重共同富裕问题。习近平总书记重申实现共同富裕的重大意义，并提出明确要求：要自觉主动解决地区差距、城乡差距、收入差距等问题，坚持在发展中保障和改善民生，统筹做好就业、收入分配、教育、社保、医疗、住房、养老、扶幼等各方面工作，更加注重向农村、基层、欠发达地区倾斜，向困难群众倾斜，促进社会公平正义，让发展成果更多更公平惠及全体人民；要认识到促进全体人民共同富裕是一项长期任务，也是一项现实任务，急不得，也等不得，必须摆在更加重要的位置，脚踏实地，久久为功，向着这个目标作出更加积极有为的努力。

第三，继续深化改革开放。完整、准确、全面贯彻新发展理念，既要以新发展理念指导引领全面深化改革，又要通过深化改革为完整、准确、全面贯彻新发展理念提供体制机制保障。习近平总书记强调，"现在要把着力点放到围绕完整、准确、全面贯彻新发展理念，加强系统集成、精准施策上来"[1]，要在已有改革基础上，立足贯彻新发展理念、构建新发展格局，坚持问题导向，围绕增强创新能力、推动平衡发展、改善生态环境、提高开放水平、促进共享发展等重点领域和关键环节，继续把改革推向深入，更加精准地出台改革方案，更加全面地完善制度体系。

第四，坚持系统观念。完整、准确、全面贯彻新发展理念，必须坚持系统观念。习近平总书记指出，"要统筹国内国际两个大局，统筹'五位一体'总体布局和'四个全面'战略布局，加强前瞻性思考、全局性谋划、战略性布局、整体性推进"[2]，并着重强调了"三个

---

[1] 习近平：《全党必须完整、准确、全面贯彻新发展理念》，《求是》2022年第16期。
[2] 同上。

统筹"：统筹中华民族伟大复兴战略全局和世界百年未有之大变局，立足国内，放眼世界，深刻认识错综复杂的国际局势对我国的影响，既保持战略定力又善于积极应变，既集中精力办好自己的事，又积极参与全球治理、为国内发展创造良好环境；统筹疫情防控和经济社会发展，毫不放松抓好"外防输入、内防反弹"工作，确保不出现规模性输入和反弹；统筹发展和安全，在谋划和推进发展的时候，要善于预见和预判各种风险挑战，做好应对各种"黑天鹅"、"灰犀牛"事件的预案，不断增强发展的安全性。

第五，善于从政治上看问题。完整、准确、全面贯彻新发展理念，既是经济社会发展方面的要求，也是政治上的要求，必须加强党的全面领导，善于从政治角度观察和分析经济社会问题，真抓实干，把党中央决策部署贯彻落实到经济工作各方面。习近平总书记指出："只有站在政治高度看，对党中央的大政方针和决策部署才能领会更透彻，工作起来才能更有预见性和主动性。"[1] 因此，各级领导干部特别是高级干部要不断提高政治判断力、政治领悟力、政治执行力，对"国之大者"了然于胸，把贯彻党中央精神体现到谋划重大战略、制定重大政策、部署重大任务、推进重大工作的实践中去。各级党组织和领导干部要有很强的责任意识，守土有责、守土负责、守土尽责，无论什么时候，该做的事，知重负重、攻坚克难，顶着压力也要干，该负的责，挺身而出、冲锋在前，冒着风险也要担。各级党委和政府要落实各项工作责任制，科学排兵布阵，层层压实责任，推动各级党组织、各个部门、各条战线、各行各业尽忠职守、主动作为。

---

[1] 习近平：《全党必须完整、准确、全面贯彻新发展理念》，《求是》2022年第16期。

"贯彻新发展理念是新时代我国发展壮大的必由之路。"[1]党的十八大以来,在新发展理念引导下,我国经济建设取得历史性成就。新征程上,只要坚定不移完整、准确、全面贯彻新发展理念,加快构建新发展格局,就一定能推动我国经济实现更高质量、更有效率、更加公平、更可持续、更为安全的发展。

四、把实践作为检验各项政策和工作成效的标准

2022年底召开的中央经济工作会议实事求是地研判了当前错综复杂的国内外经济形势,强调坚持稳中求进工作总基调,提出了"坚持稳中求进工作总基调,坚持实事求是、尊重规律、系统观念、底线思维,把实践作为检验各项政策和工作成效的标准",强调注重"六个更好统筹"的工作方法,全面部署了2023年经济工作的五大任务,具有鲜明的现实针对性。

坚持稳中求进工作总基调,是习近平经济思想的重要内涵,是我们党治国理政的主要原则,是推动经济高质量发展的方法论。回顾党的十八大以来历次中央经济工作会议精神,稳中求进工作总基调一以贯之,新时代10年的伟大实践也充分证明,中国经济发展始终在"稳中求进""稳中有进"。光稳不进难发展,光进不稳难行远。稳中求进蕴含着马克思主义的辩证思维,全党要准确把握和深刻理解。既要反对急功近利、急于求成,也要反对不思进取、被动守成。实践的要求,也充分反映出坚持"实事求是、尊重规律、系统观念、底线思维"与"把实践作为检验各项政策和工作成效的标准"的深意所在。国际环境

---

[1] 习近平:《新时代党和人民奋进的必由之路》,《求是》2023年第5期。

越是风高浪急，国内改革发展稳定任务越是艰巨繁重，越要坚持稳中求进。国际需求转弱、全球经济衰退、国内投资与消费需求增速放缓，我国经济发展依然有不小下行压力，面临诸多需要统筹考虑的因素。我国经济发展要在多重目标、多重约束下寻求最优解，善用"十个指头弹钢琴"，精准把握好"稳"与"进"的平衡关系显得尤为重要。

2023年是实现党的二十大擘画的全面建成社会主义现代化强国"两步走"战略安排的起步之年，是努力克服新冠疫情对经济造成的不利影响、奋力实现经济运行整体好转的重要之年，也是在更高起点上推动我国经济高质量发展、有效防范化解重大风险的关键之年。因此，2022年底召开的中央经济工作会议强调，坚持稳中求进工作总基调，坚持稳字当头、稳中求进。稳中求进是我们党在长期实践、不断探索中，逐步形成的治国理政的重要原则和工作方法，是有效应对接踵而来的风险挑战的科学认识和宝贵经验。稳是基本，进是方向，行稳方能致远，前进方能保稳，稳中求进才能安全发展。做好2023年经济工作，"稳"仍要放在更加突出的位置，要以稳促进，发力经济增长，让我国经济尽快恢复到新冠疫情暴发前的合理增长水平。

按照2022年底召开的中央经济工作会议的部署，一要在更好统筹疫情防控和经济社会发展、更好统筹发展和安全的先决条件下，突出做好稳增长、稳就业、稳物价工作，稳住宏观经济大盘、实现发展预期目标。具体举措就是着力扩大国内需求，更好发挥消费和投资对经济发展的基础性和关键性作用，尤其要把恢复和扩大消费摆在优先位置，同时鼓励和吸引更多民间资本参与国家重大工程和补短板项目建设。二要加快建设现代化经济体系，构建国民经济畅通循环的全国统一大市场，保持我国经济发展韧性和稳定的关键支撑。必须坚持把发展经济的着力点放在实体经济上，加快建设现代化产业体系，构建经济增长的新动力、新引擎，紧紧抓住全球产业结构和布局调整过程中孕育的新机遇，勇于开辟新领域、制胜新赛道。三要培育壮大市场主体、激发市场主体活力和社会创造力，目前1.61亿户市场主体是我国经济发展的内生动力。要切实落实"两个毫不动摇"，打造支持各类市场主体高质量发展的市场化、法治化、国际化营商环境。四要积极应对更加复杂的国内国际经济环境，更加有力有效地防范化解重大经济金融风险，确保房地产市场平稳发展，为推动经济运行整体好转创造稳定有序的发展环境。

针对2023年我国经济发展面临的挑战和困难，2022年底召开的中央经济工作会议指出，要坚持系统观念、守正创新，要做到"六个更好统筹"。"六个更好统筹"这一全新提法内涵丰富，意味深长，备受瞩目。"六个更好统筹"用全面系统、普遍联系、发展变化、实事求是的逻辑，深刻分析当前我国经济社会发展出现的突出问题和突出矛盾，准确把握当前我国经济运行的关键环节与重点任务，推进各方面大力配合，形成共同促进高质量发展的强大合力，为全局性谋划、前瞻性研究、整体性推进经济工作指明了方向。

第一，更好统筹疫情防控和经济社会发展是做好当前经济工作的重要前提。新冠疫情暴发3年多来，以习近平同志为核心的党中央科学统筹疫情防控和经济社会发展，最大程度地保障了全国人民的生命安全，最大限度地降低了新冠疫情对我国经济社会发展的影响，用最小的代价实现了最优的防控效果。随着新冠病毒变异以及防控经验的积累、药品研发的创新、疫苗接种的普及，我国统筹疫情防控和经济社会发展必将面临新形势和新任务，所以要因时因势不断调整优化疫情防控措施。

第二，更好统筹经济质的有效提升和量的合理增长是加强经济韧性的关键所在。当前，党领导中国人民迈上全面建设社会主义现代化国家的新征程，新的发展阶段、新的使命和任务、新的发展环境、新的风险挑战，对经济实现质的有效提升和量的合理增长提出了新的要求。要把党的二十大擘画的全面建设社会主义现代化国家的宏伟蓝图变成现实，我国经济增长必须在更长时期保持在合理区间，只有这样，才能最大程度地激发经济发展潜能，巩固经济发展后劲，有效抵御和防范化解重大风险；只有通过质的有效提升引领量的合理增长，通过量的合理增长支撑质的有效提升，才能推动我国经济实现更高质量、更有效率、更加公平、更可持续、更为安全的发展。

第三，更好统筹供给侧结构性改革和扩大内需是实现我国经济运行好转的重要抓手。供给和需求要双向发力，实施扩大内需战略是应对外部环境影响、稳定我国经济整体运行的有效方法，推动供给侧结构性改革是实现我国经济社会高质量发展的治本之策。2022年12月14日，中共中央、国务院印发了《扩大内需战略规划纲要（2022—2035年）》，为未来10多年通过高质量供给创造有效需求，支持多渠道扩大内需指明了方向、提供了遵循。做好我国经济工作，就是要处理好总供给和总需求之间的关系，供需协同发力、共同配合，推动总供给和总需求相互支撑、相互促进的良性循环的形成。

第四，更好统筹经济政策和其他政策是推动我国经济向上向好稳步前行的重要保证。2022年底召开的中央经济工作会议提出的"五大政策体系"，不仅沿袭过去几年我国宏观政策的施策方向和积极效应，而且与时俱进布局了政策施力的新发力点，重点强调增强全局观，统筹好经济增长的总量政策手段和其他结构性调整的紧密配合，加强对与宏观政策取向一致性的评估。这种全局观要求我们在政策贯彻落实的过程中，杜绝"一刀切"现象，减少政策间的相互干扰，降低政策传递过程中的效果衰减，有效防止产生政策运用过程中的合成谬误，科学有效地激活政策中有利于经济内生动力，社会发展潜力的长远性、制度化的保障作用。

第五，更好统筹国内循环和国际循环是打造我国国际经济合作和竞争新优势的基础支撑。这深刻表明了我国坚持中国特色社会主义市场经济方向、坚持继续推进高水平对外开放的决心和意志。同时，这也是全面建设社会主义现代化国家、坚定不移走中国式现代化道路，打造我国国际经济合作和竞争新优势的关键所在。

第六，更好统筹当前和长远是实现我国经济保持长期回稳向好态势的重要保证。2022年底召开的中央经济工作会议强调，既要做好当前经济工作，又要为今后经济发展做好衔接，坚持目标导向和问题导向相结合，坚持中长期目标和短期目标相贯通，坚持把发展需要和现实能力相协同的全局思维理念和科学工作方法。只有充分理解党中央的政策精神，深刻理解其核心要义，坚持守正创新，注重科学统筹，牢记使命、勇于担当，才能形成推动高质量发展的合力。

实事求是是马克思主义的灵魂，是我们党思想路线的实质和核心。发展是我们党执政兴国的第一要务，发展是解决我国一切矛盾、困难和问题的基础与关键。做好经济工作，全党必须以习近平新时代中国特色社会主义思想为指导，全面贯彻落实党的二十大精神，完整、准确、全面贯彻新发展理念，加快构建新发展格局，着力推动经济高质量发展，以高质量发展推动全面建成社会主义现代化国家。

第四章

推动经济实现质的有效
提升和量的合理增长

党的中心任务是团结带领全国各族人民全面建成社会主义现代化强国、实现第二个百年奋斗目标，以中国式现代化全面推进中华民族伟大复兴。要顺利实现中国式现代化，全面推进中华民族伟大复兴，一刻也离不开发展，一刻也离不开物质基础的支撑。党的二十大报告明确指出，推动经济实现质的有效提升和量的合理增长。这充分体现了我们党推动高质量发展的坚定决心，为今后一个时期我国经济发展指明了方向。只有推动经济实现质的有效提升和量的合理增长，充分发挥各方面的积极性主动性创造性，才能推动我国经济发展行稳致远，为全面建成社会主义现代化强国奠定坚实的物质基础。

一、高质量发展是全面建设社会主义现代化国家的首要任务

党的十九大报告对我国的经济形势作出判断："我国经济已由高速增长阶段转向高质量发展阶段，正处在转变发展方式、优化经济结构、转换增长动力的攻关期，建设现代化经济体系是跨越关口的迫切要求和我国发展的战略目标。"随着我们党对高质量发展认识的深入，党的二十大报告指出："高质量发展是全面建设社会主义现代化国家

的首要任务。"高质量发展，是我国社会主义建设向新阶段发展的必然选择，是中国式现代化的本质要求。

高质量发展首先是发展，发展是党执政兴国的第一要务，是解决我国一切问题的基础和关键。中国共产党是为人民谋幸福，为民族谋复兴的政党。为了更好地实现这个最初的目标和任务，从在全国执政那一天起，党就在不断探索提高人民生活水平、实现中华民族伟大复兴的发展之路。1953年，根据从新民主主义阶段向社会主义建设阶段过渡时期总路线，中共中央在全国财经工作会议上提出了第一个五年计划。这是党执政后为谋求国家发展而制定和实施的第一个五年计划，奠定了我国社会主义工业化的基础。

党的十一届三中全会开创了中国社会主义建设的新阶段，以邓小平同志为主要代表的中国共产党人，结合我国社会主义现代化建设的新实践，作出了实行改革开放的重大决定。这是中国社会主义建设进入新阶段，面对人民和时代的呼声作出的重大选择。20世纪90年代初，面对东欧剧变、苏联解体和西方世界抛出的"历史终结论"，邓小平清醒地回答："发展才是硬道理。"[1]于是，我国在经济领域迈开了以市场为取向的改革步伐、摸着石头过河。

经过40多年的改革开放，我国逐步探索出一条经济快速增长、效益不断提高的经济发展道路。我国的生产结构也基本趋于稳定，市场在经济中的调节作用不断强化，开始推动消费结构和产业结构升级。特别是在2001年我国加入世界贸易组织后，中国经济发展的动力不断积累。随后，为了进一步破除制约我国经济发展的瓶颈和障

---

[1]《邓小平文选》第三卷，人民出版社1993年版，第377页。

碍，2004年我国提出全面贯彻和落实科学发展观，在加强和完善宏观调控的过程中，进一步重视深化经济体制改革，强调进一步推进经济结构优化和经济增长方式转变。

党的十四届五中全会提出转变经济增长方式后，我国经济社会实现了较快发展。特别是在党的十六大以后，我国年均GDP增速超过10%，国家综合实力和经济效率大幅度提高。与此同时，我国经济发展面临巨大压力：粗放型增长模式难以为继，经济社会发展中的结构性矛盾日益加剧。面对资源消费压力大、生态承载能力弱、居民收入差距扩大、区域发展不平衡等经济发展中的矛盾，仅靠转变经济增长方式已难以摆脱经济发展中的多元困境。为了更好地解决经济运行带来的矛盾和问题，党的十七大正式提出了"转变经济发展方式"的命题。

2008年全球金融危机爆发，全球经济增长放缓。为应对危机，我国提出了"4万亿"投资计划，减少了全球金融海啸的重创。然而，金融危机也给我国带来了产能过剩和高端有效供给明显不足的新问题。此时，经济发展结构不平衡的问题更加凸显，单纯扩大内需已不能完全解决问题。2015年11月，中央财经领导小组召开会议，研究并提出进行"供给侧结构性改革"，在兼顾总需求的同时，强调通过供给侧结构性改革提高供给体系的质量和效率，全面提高要素生产率，进一步提高经济增长的效益和质量。

总之，一代又一代中国共产党人始终把发展摆在突出位置，从"一五"到"十四五"，从"发展才是硬道理"到新发展理念，从总体小康到全面小康，从"四个现代化"到"全面建设社会主义现代化国家"，共产党人不断地以发展为导向，带领人民向着全面建设社会主义现代化国家不断迈进。

高质量发展是时代需要的发展，是社会主义建设新阶段提出的重要命题。问题是时代的声音，时代是回答命题的重要场景。中国的发展，在回答时代命题的过程中展开波澜万丈的画卷。同样，高质量发展是中国特色社会主义进入新时代提出的一个重要命题，对这个问题要站在时代潮流中去应对。

实现高质量发展是保持经济持续健康发展的必然选择。经过70多年来对社会主义发展和建设规律的艰苦探索与改革开放40多年来对社会主义市场经济的艰难探索，我国逐渐探索出社会主义建设新路：经济高速进步。中国从经济极不发达的国家发展成为经济大国，2022年中国人均GDP增长至85698元（约合12741美元），业绩举世瞩目。以中国铁路交通建设为例，到2022年，中国铁路营业里程达到15.5万公里，其中高铁4.2万公里，居世界第一。[1] 与此相对，我国在发展过程中也积累了一些深层次的矛盾和问题，如区域发展不平衡，财富分配不平衡，经济增长主要依赖要素驱动和投资拉动，经济效益相对偏低，经济发展对环境损害过大等。如果放任这些问题长期存在，经济发展迟早会出现发展停滞或倒退。因此，要保持经济持续健康发展，就必须提高经济发展的质量。

实现高质量发展，是化解新时代我国社会主要矛盾的根本途径。经过长期努力，中国特色社会主义进入了新时代。中国社会的主要矛盾已经转化为人民日益增长的美好生活需要和不平衡不充分的发展

---

[1] 参见《截至2022年底，全国铁路营业里程达到15.5万公里》，中国新闻网2023年1月29日。

之间的矛盾。由此，发展应着力满足经济、政治、文化、社会、生态环境等方面人民日益增长的需要，把以人民为中心的发展思想落到实处，从解决人民群众最关心最直接最现实的利益问题入手，多求民生之利、多解民生之忧，不断增进人民群众的获得感、幸福感。

实现高质量发展是全面建成社会主义现代化国家的必然要求。全面建成社会主义现代化国家，是实现中华民族伟大复兴的主要标志，也是中国共产党对人民作出的庄严承诺。当前，世界经济发展前路不明，特别是在美国发起的"新冷战"和新冠疫情的双重影响下，世界经济发展乏力。在这样的情况下，我们党依旧逆风而行，带领人民群众解决了许多长期未解决的发展难题和重大现实问题，国家经济实力、科技实力、综合国力和国际影响力都迈上了一个大台阶。由此可见，高质量发展命题是中国特色社会主义新时代提出的时代命题，关系到我国能否顺利实现全面建成社会主义现代化国家的目标。

高质量发展是更好的发展，是中国式现代化的本质要求。如果把高质量发展从词语的角度来进行分解，就是"高质量"+"发展"。这就要求我们在理解"发展"的基础上，结合新时代的新变化、新挑战、新要求，限定"发展"的外延。也就是说，要进入一个新的发展阶段，更好地实现社会主义，不仅需要发展，更需要高质量的发展。这里的"高质量"反映在多个层次、多个维度中。

高质量发展是相对于西方资本主义国家发展模式而言的一种新的发展模式。曾经被认为能够体现人类现代最高水平的西方资本主义制度逐渐跌落神坛。特别是在2008年全球金融危机爆发之后，西方国家的经济发展一直亮着"红灯"。尤其是近年来，量化宽松政策不能解决经济停滞问题，物价暴涨，经济全球化一再受阻，贸易保护主义

近年来，江苏省海安市抢抓国家大力发展新能源的战略机遇，引进聚集一批龙头企业和重大项目，构建新能源装备制造、清洁发电、储能、场景应用等全产业链发展格局，助推我国经济高质量发展。图为该市高新区一家企业内的自动化生产线正在赶制锂电池模组

中新图片 / 顾华夏

抬头，美国等西方国家失业率居高不下……种种迹象表明，西方资本主义国家的经济内生动力不足，科技创新被金融资本扼住了咽喉，整个西方社会的经济活力继续以惊人的速度丧失。同样，照搬照抄西方发展模式的发展中国家的发展也再次受到限制，是生存还是死亡的"哈姆雷特之问"再次上演。历史再次证明，发展中国家如果想实现质量和数量并行的良性发展，走别人的路最终面临的结局就是无路可走，只能走自己的路。这条路，从经济上看，是一条高质量发展的道路，也是全面建设社会主义现代化国家的必由之路。

高质量发展是更符合我国国情的发展模式。党的十九届六中全会提出了中国式现代化的 5 个特点，党的二十大报告再次强调和说明了这 5 个特点，即中国式现代化是人口规模巨大的现代化，是全体人民共同富裕的现代化，是物质文明和精神文明相协调的现代化，是人与自然和谐共生的现代化，是走和平发展道路的现代化。中国式现代化的 5 个特点对高质量发展提出了现实要求：我国高质量发展是建立在全体人民共同富裕基础上的发展，是实现物质文明和精神文明协调发展，是人与自然和谐共生的发展，是走和平发展道路的发展。因此，高质量的发展意味着我们要建设的不是什么别的现代化，而是社会主义现代化。这意味着，实现现代化的经济发展不仅需要数字上的 GDP 增长，还需要实质性的 GDP 增长、绿色可持续的 GDP 增长、以共同富裕为基础的 GDP 增长。

高质量发展是更加符合经济发展规律的健康发展模式。发展是马克思主义唯物辩证法的基本范畴之一。能否在马克思主义指导下确立系统科学的发展理念，是检验马克思主义真理性和马克思主义政党执政能力的试金石。推进高质量发展，是运用马克思主义基本原理解决实际问题的生动体现，是按照经济规律发展的必然要求。目前，我国经济已进入高质量发展阶段，经济社会发展应以推动高质量发展为主题。推动高质量发展是遵循经济发展规律，保持经济持续健康发展的必然要求，是适应我国社会主要矛盾变化，解决发展不平衡、不充分问题的必然要求，有效防范化解各种重大风险挑战是以中国式现代化全面推进中华民族伟大复兴的必然要求。要切实把推动高质量发展的要求贯彻到经济社会发展全过程各领域。

高质量发展是全面建设社会主义现代化国家的首要任务。这一"首要任务"说明，高质量发展对于能否全面建成社会主义现代化强国具有重要意义，是全面建设社会主义现代化国家必须着手搞好的第一项工作。必须切实把推动高质量发展的要求贯彻到经济社会发展全过程各领域。

二、经济实现质的有效提升和量的合理增长的丰富内涵

经济社会发展是一个相互关联的复杂系统。诸多要素相互作用、相互影响、相互制约，并推动经济不断向前发展。这种发展，不是单一的量的增长，而是质和量的有机统一。其中，质的提升为量的增长提供持续动力，量的增长为质的提升提供重要基础。推动经济实现质的有效提升和量的合理增长是高质量发展的内在要求。辩证认识和科学统筹经济发展质和量的关系是我们党在领导经济工作、开展社会建设实践过程中取得的重要经验。

事物的质是指使事物自身与其他事物区别开来的内在规律性。也就是说，明确事物的质，人们马上就能区分事物和其他事物。经济发展的质包括经济的结构、效益等。人们通常在新闻中听到的产业布局、城乡发展统筹调整、区域经济布局、产业技术构成、消费投资分配等，都属于经济发展质量范畴。在经济发展的过程中，经济发展的质代表了经济发展是否具有"持久力"，决定了经济发展能够走多远、走多久；代表了经济发展是否具有"潜力"，能否在世界经济的交锋交融中不断焕发新的经济增长活力。经济发展质的好坏和产业结构是否合理、人才资源是否充足、经济政策是否恰当等方面因素息息相关。由此可见，要想经济发展实现质的有效提升，意味着要在经济发展过程中，不断优化产业布局、统筹城乡发展、合理布局区域经济、提升产业技术构成、优化消费投资比例、创建更好的微小企业营商环境等。正是因为经济发展的质量如此重要，所以党的十九届五中全会明确提出，"十四五"时期保证经济发展取得新成效，就要在实现"质量效益明显提升的基础上实现经济持续健康发展"，并对于需

要哪些方面实现质的有效提升给出了明确说明。例如，增长潜力充分发挥，国内市场更加强大，经济结构更加优化，创新能力显著提升，产业基础高级化、产业链现代化水平明显提高，农业基础更加稳固，城乡区域发展协调性明显增强，等等。由此可见，经济发展质的有效提升就是要实现经济领域的系统化、多维度的整体性提升。

经济实现量的合理增长的基本内涵是：事物的量是指事物存在和发展的规模、程度、速度以及事物构成要素在空间上的排列等可以用数量或形状来表示的规定性。经济发展的量，通常是指经济发展的规模、速度。其中，经济规模的全称为经济总体规模，是反映国家或地区经济总量的指标。在统计一个国家的经济规模时，通常使用国内生产总值。这是目前最普遍的评价方法。国内生产总值是指一个国家和地区所有常住单位在一定时期内（通常为一年）生产活动的全部最终成果。

高质量发展是质的有效提升和量的合理增长的同时实现。马克思主义辩证法告诉我们，世界上一切东西都是质与量的有机统一，经济发展也是如此。推动经济高质量发展，就是要着力实现经济质量的有效提升和量的合理增长的有机统一。二者相辅相成。质的提升为量的增长提供持续动力，量的增长为质的提高提供重要基础。

量的增长为质的提升提供重要的基础。没有量的积累，必然不会迎来质的飞跃。党的十八大以来的10年，是我国经济量的积累带来质的飞跃和发展的10年：人均国内生产总值达到1.25万美元[1]，接近高收入国家的门槛，中国经济成为世界经济增长的最大引擎，单位

---

[1] 参见廖睿灵：《经济发展大提高　生态环境大改善》，《人民日报海外版》2022年5月13日。

四川省巴中市通江县积极探索打造现代农业园区，推动银耳、青峪猪、油菜等特色产业发展，促进农旅融合和现代山地高效农业发展，狠抓农业提质增效，提升整体经济效益，为推动乡村产业高质量发展贡献力量。图为该县广纳镇的"优质粮油+青峪猪"现代农业园区

中新图片 / 程聪

GDP二氧化碳排放累计下降约34%[1]。近1亿农村人口脱贫，在中华大地上全面建成了小康社会，经济总量稳居世界第二位，这一切为经济发展质的提升提供了重要的基础。

质的提升为量的增长提供持续的动力。经济发展质量的提升意味着经济发展得更远、更稳定。经济发展质量的提升表现在科技水平的提高、生态环境的改善等多个方面。2023年1月国务院发布的《新时代的中国绿色发展》白皮书指出，近年来我国大力转变农业生产方式，推动农业高质量发展，并取得了一系列成效。通过"逐步健全耕地保护制度和轮作休耕制度""全面落实永久基本农田特殊保护"等方式初步遏制我国耕地减少势头；"多措并举推进农业节水和化肥农药减量增效，2021年，农田灌溉水有效利用系数达到0.568"；等等。如果没有作为保障的质量，经济的发展必然是穷途末路，谈不到量的持续增长。除了推动"绿水青山"转化为"金山银山"的高质量发展外，近年来我国不断提升产业科技含量，通过发展战略性新兴产业实现经济高质量发展。绿色产业蓬勃发展，清洁能源设备生产规模居世界第一，2021年我国节能环保产业产值超过8万亿元。

经济高质量发展是经济发展质的提升和量的增长的辩证统一。2022年底召开的中央经济工作会议指出，要更好统筹经济质的有效提升和量的合理增长，坚持以质取胜，以量的变化积累实现质的变化。这一要求鲜明地体现了党对经济发展质和量的辩证关系的深刻把握，彰显了推动高质量发展的坚定决心。经济发展要从质与量两方面同时衡量。以2022年我国经济运行为例。从供方来看，2022年1—

---

[1] 参见胡果、吴秋余、王浩：《不负人民的发展答卷》，《人民日报》2023年2月26日。

11月，我国规模以上工业增加值同比增长3.8%，平稳增长态势不变，新动能继续增长，高技术制造业增加值同比增长8.0%，新能源汽车产量同比增长100.5%，航空航天器及设备制造业、电子及通信设备制造业分别增长10.7%、13.5%。[1]需求方面，线上消费需求释放的拉动作用明显，1—11月实物商品网上零售额同比增长6.4%，消费市场发展韧性持续显现，经济发展注重质与量取得了成效。[2]

三、形成持续拉动经济发展的内生动力、推动高质量发展的强大合力

正所谓"行百里者半九十"。放眼未来，我国经济将面临严峻复杂的外部环境：俄乌冲突未见缓和信号，随着美联储持续加息，全球性经济衰退的预期越来越强烈。可以预见，我国经济高质量发展之路是不会一帆风顺的，而是充满了各种风险和挑战。面对诸多困难挑战，做好经济工作，实现经济发展质的有效提升和量的合理增长意义重大。对此，2022年底召开的中央经济工作会议强调，要坚持系统观念、守正创新，要不断挖掘尽可能多的发展潜能、不断增强发展动力，持续激发经济发展的内生动力，形成推动高质量发展的强大合力。

第一，要持续激发经济发展的内生动力，确保高质量发展走稳走远。保持经济发展的内生动力，心态是关键，它源于对经济发展的信心、恒心和决心。其中，党的领导是经济发展信心、恒心和决心的根本源泉；持续深化改革开放是经济发展信心、恒心和决心的"压舱

---

[1] 参见《1—11月高技术产业保持较快增长》，国家发展改革委网站2022年12月28日。
[2] 参见《市场销售受疫情短期冲击明显 消费市场发展韧性持续显现》，统计微讯2022年12月15日。

石"；方向正确、态度明确的发展理念，是经济发展信心、恒心和决心的"融合剂"；以创新推动发展，是鼓舞经济发展信心、恒心和决定的"催化剂"。

一要始终坚持党的领导。《中共中央关于党的百年奋斗重大成就和历史经验的决议》深刻指出，"治理好我们这个世界上最大的政党和人口最多的国家，必须坚持党的全面领导"，"中国共产党是领导我们事业的核心力量"。要持续激发经济发展的内生动力，就需要充分发挥党总揽全局、协调各方的领导核心作用，提高党把方向、谋大局、定政策、促改革的能力和定力，把党的领导贯彻到推动高质量发展的全过程。如果将中国经济比喻为一艘在大海中航行的巨轮，巨轮的体量越大、遇到的风浪越大，那么把握方向的舵手就越重要。在2020年1月至今的3年多时间里，面对疫情反复，以习近平同志为核心的党中央高效统筹疫情防控和经济社会发展，带领中国人民闯过急流险滩，向世界交出了令人瞩目的成绩单："2020年成为全球率先实现经济正增长的主要经济体；2021年经济规模突破110万亿元，两年平均增长5.1%；2022年经济顶住压力、稳中求进，持续巩固回升态势……"[1]正因为有了中国共产党这个英明的舵手，中国经济的巨轮才能在一望无际的大海上持续航行。据统计，党的十八大以来，我国国内生产总值从54万亿元增长到121万亿元；制造业规模、外汇储备稳居世界第一；在全球创新指数中的排名从34位升至11位。[2]实践表明，中国共产党的领导是做好新时代经济工作的优势所在、关

---

[1]《坚定不移走好高质量发展之路——以习近平同志为核心的党中央引领中国经济行稳致远述评》，《人民日报》2022年12月15日。

[2] 同上。

键所在、根本所在。

二要坚持改革开放。改革是推动经济发展的重要动力，要加快改革的步伐，不断改善市场机制，营造公平竞争的市场环境，改善企业创新环境，推动经济发展质量的提高。要坚定不移用改革的办法释放和激发市场潜力，把有效市场和有为政府结合起来，充分发挥市场在资源配置中的决定性作用，更好发挥政府作用，破除制约内需增长的体制机制障碍，不断提高要素配置和产品流通效率，同时实施更高水平对外开放，充分利用国际高端要素资源，持续增强国内市场活力。党的十八大以来的 10 年，既是经济发展持续向好的 10 年，也是我国经济发展与世界经济发展深度融合的 10 年。在过去的 10 年里，中国经济总量不断迈上新台阶，在 2021 年突破了 110 万亿元大关，对世界经济增长的平均贡献率达到了 38.6%，成为推动世界经济增长的第一动力。

三要以新发展理念为引导。实现经济高质量发展是对我国经济发展模式的一场全局性的深刻变革。要更好地实施变革，需要理论作为先导。激发经济持续发展的内生动力，同样需要以理论为先导。因此，在中国经济由高速增长阶段转向高质量发展阶段，贯彻新发展理念至关重要。要在更好贯彻新发展理念的基础上，不断推动经济的高质量发展。具体而言，要以新发展理念为引领，始终把创新、协调、绿色、开放、共享发展作为一个整体，注重在自主创新上找出路，在城乡区域协调上求突破，在生态绿色上做文章，在内陆开放上下功夫，在服务共享上出实招，通过新发展理念协同发力，形成推动高质量发展的强大合力。

四要以创新为推动，激发经济持续发展的内生动力。2019 年 1

月17日，习近平总书记在天津考察时强调，"高质量发展要靠创新"。一方面，以创新为动力，激发经济持续发展的内生动力是外部压力的必然结果。在众多创新中，科技创新是推动经济发展的重要因素。要加大科技创新的力度，提高社会生产力，推动经济发展的技术水平，提高产品的质量，改善市场环境，提高经济发展质量。高质量发展是创新驱动的发展，只有创新驱动才能推动我国经济从外延式扩张上升为内涵式发展。在过去相当长的一段时间里，出于缺乏核心技术的窘迫现实，为更快地获得外汇收入、扩大资本要素规模，我国经济增长模式主要依靠以增加资源投入、扩大生产规模、增加产品产量等为主的外延式经济增长模式。中国的"世界工厂"之名由此而来。然而，随着人口红利的消失、世界贸易环境的改变、自然环境的恶化等，中国"世界工厂"的地位也有可能被替代。外部环境的恶劣使我国经济迫切地需要从外延式扩张转向内涵式发展。而实现经济内涵式发展，需要以技术的进步和生产要素质量的提高为基础。而这一切都源于创新。如果今后的发展走不出一条创新之路，就闯不出一条制胜之道，关键核心技术受制于人的局面就难以得到根本转变，就要长期忍受"卡脖子"之痛。为此，必须摒弃旧的发展模式，寻找新的发展动能，必须摆脱路径依赖、丢掉一味追求速度的思维，真正把培育创新意识、部署创新格局、营造创新氛围置于社会主义现代化强国建设全局中的核心位置，全力推动我国发展路径从"量的积累"逐步向"质的飞跃"迈进，从而真正实现创新作为引领发展第一动力的目标。另一方面，以创新为动力，激发经济持续发展的内生动力是内在需要的必然要求。创新是推动高质量发展的需要，也是提高人民生活水平的需要，更是全面建成社会主义现代化强国的需要。近年

第五届中国国际进口博览会人工智能专区

中新图片 / 郭俊锋

来，随着我国经济的不断发展，我国社会主要矛盾发生转化，人民群众对于美好生活的向往空前高涨。近年来，随着我国科技创新投入力度逐步加大，高质量发展成效显著。根据《新时代的中国绿色发展》白皮书显示，在我国"全社会研发投入由2012年的1.03万亿元增长到2021年的2.80万亿元，研发投入强度由1.91%提高到2.44%，已接近经合组织国家平均水平。企业研发投入力度不断加大，占全社会研发投入比例达到76%以上。截至2021年底，中国节能环保产业有效发明专利4.9万件，新能源产业有效发明专利6万件，分别是2017年底的1.6倍、1.7倍。2011年至2020年，中国环境技术发明专利申请总量接近全球60%，是全球布局环境技术创新最积极的国家"[1]。而随着科技创新的不断发展，新兴技术也日渐成为经济发展的重要支撑："人工智能、大数据、区块链、量子通信等新兴技术加快应用，培育了智能终端、远程医疗、在线教育等新产品、新业态，在经济发展中的带动作用不断增强。数字经济规模居世界第二位，'十三五'期间（2016—2020年），信息传输、软件和信息技术服务业增加值年均增速高达21%。互联网、大数据、人工智能、5G等新兴技术与传统产业深度融合，先进制造业和现代服务业融合发展步伐加快，2021年，高技术制造业、装备制造业增加值占规模以上工业增加值比重分别为15.1%、32.4%，较2012年分别提高5.7和4.2个百分点，'中国制造'逐步向'中国智造'转型升级。"[2]

第二，要不断积聚经济发展的强大合力，推动高质量发展走深走

---

[1] 参见国务院新闻办公室：《新时代的中国绿色发展》，《人民日报》2023年1月20日。
[2] 同上。

实。恩格斯曾经以平行四边形比喻社会的发展前进和个人的发展前进之间的关系。同样，推动整个经济社会不断向前发展，也离不开每个个体的力量，需要他们以个人的发展促进社会的发展，并不断积蓄经济发展的强大合力。

一要以坚定的定力和强大的执行力不懈奋斗。经济发展目标一旦形成，就需要以不断的努力奋斗来实现。和其他一切目标的实现过程一样，在实现高质量发展的道路上，一定会有各种各样的困难。此时，我们要以坚定的定力和强大的执行力应对这些困难，用不间断的努力奋斗实现高质量发展。对此，2022年底召开的中央经济工作会议指出，要做到"六个更好统筹"，更好地形成推动经济发展的合力。其中，"更好统筹疫情防控和经济社会发展"是保证经济发展质的有效提升和量的合理增长的重要前提。2020年新冠疫情暴发以来，我国经济发展增长水平明显高于世界平均水平，年均增长水平高达4.5%左右。当前，新冠病毒重症率、致死率明显下降。在新阶段要解决好新问题，就更要合理统筹疫情防控和经济社会发展，在优化防控各项措施的基础上，加快经济秩序和社会秩序的恢复，促进经济循环加速运转。"更好统筹供给侧结构性改革和扩大内需"是经济发展质的有效提升和量的合理增长的有效依托。当前，我国经济发展总需求不足的矛盾突出，需要通过供给侧结构性改革扩大内需，以消费激发经济发展活力。而深化供给侧改革是解决这一突出矛盾的重要一环，是实现高质量发展的必由之路，也是贯穿经济工作全过程的主线。"更好统筹国内循环和国际循环"是经济发展质的有效提升和量的合理增长的重要保证。新发展格局不是封闭的国内单循环，而是国内国际双循环。要通过加快构建国内大循环为主体、国内国际双循环相互促进的新发展格局,塑造我国参与国家合作和竞争的新优势。"更好统筹当前和长远"是保证经济发展质的有效提升和量的合理增长的重要视野。只有立足长远,才能更好审视经济发展的合理性、有效性、持续性;只有站稳当前,才能保证经济在稳步发展中走向未来。

二要廓清认识,统一思想。有人说,社会主义问题是一个意识形态问题、一个政治问题,而高质量发展是一个经济问题,这二者如何能够联系起来呢?唯物主义的历史辩证法明确表明,经济和政治从来就不是分割开来的。经济是基础,决定政治上层建筑是否牢固、社会发展能否行稳致远;政治是牵引,决定经济基础能否厚实、社会发展能否动力十足。总结历史,不难发现,经济和政治是紧密相连的。经济的萧条、人民生活得不到有效保障,必定会引发社会的不稳定,进而给人民带来深重的灾难。这是中国近代以来被动挨打、受到帝国主义欺凌的历史给我们的警示。只有经济好、社会发展好,人民生活才能"托底",社会才能安定团结。这是中国老百姓这几十年政治信心的最大来源。只有不断做强经济,国家的发展才能后劲十足,才能真正地行稳致远。

三要达成共识,紧密团结。统筹推进疫情防控和经济社会发展,实现经济高质量向前迈进;加快建设科技创新中心,保证动力引擎支撑不断增强;实施产业建圈强链行动,加快构建高质量发展的现代产业体系;聚力深化改革扩大开放,持续优化高质量发展的资源配置体系;坚持生态优先绿色发展,巩固夯实高质量发展的生态体系;打造智慧韧性安全城市,高效能的城市治理体系加快提升;大力推进民生实事落地落实,高品质的民生福祉体系日益增进……做到做好做实这些事情中的任何一件都并不是容易的事情。然而,"合抱之木,生于毫末；九层之台，起于累土；千里之行，始于足下"。只要全国人民能够响应政策号召、紧跟制度安排、达成目标共识，紧密团结，就能够更好地实现高质量发展。对个人而言，一方面，要通过教育宣传的方式，使高质量发展的思想理念深入头脑；另一方面，要以各类政策为支撑，形成合力，共同促进高质量发展。

第五章

实施扩大内需战略同深化供给侧结构性改革有机结合

党的二十大报告提出,"我们要坚持以推动高质量发展为主题,把实施扩大内需战略同深化供给侧结构性改革有机结合起来"。这一重要论述既是战略指引与目标任务,也是中国经验与实践创新,更是市场主体发展的底气与信心之源。2022年底召开的中央经济工作会议进一步强调,要"更好统筹供给侧结构性改革和扩大内需,通过高质量供给创造有效需求",这一重大战略举措,对于今后一个时期加快构建新发展格局、推动高质量发展、全面建设社会主义现代化国家具有重要意义。

一、深刻理解供给与需求二者结合决策部署的历史逻辑与时代背景

供给与需求相互依存,在实际经济运行中,供给与需求的均衡与匹配是相对的,不均衡与不匹配是绝对的。把握好二者之间的相互联系,对落实扩大内需政策和推进供给侧结构性改革二者结合决策部署进行更全面的理解与认识,就必须弄清楚其历史逻辑与时代背景。

以往扩大内需方式与政策存在的不足。由于我国社会主义市场经

济持续蓬勃发展和日臻成熟，各级职能部门制定了各类宏观经济政策以适应国际经济波动，并取得了显著的效果，尤其是采取积极财政政策、货币政策和收入政策等增加市场有效需求，从而促进了经济社会发展。

20世纪90年代末，受东南亚金融危机影响，中国外贸受到了很大冲击，国内出口下降，但我国政府及时实施了积极稳妥的财政政策和货币政策，通过增加对基础设施的投资，扩大信贷规模，既提高了基础设施建设能力，也有效扩大了出口市场，减少了出口需求下降给国民经济带来的影响，在通货膨胀"软着陆"的同时又较快地走出了通货紧缩，从而实现了我国经济的快速增长。但在2008年，由美国次贷危机引发的全球金融危机再次对中国经济发展和社会稳定造成不利影响。国家出台了4万亿元的经济刺激措施，在短时间内稳住了宏观经济，实现了GDP"保八"的目标。但在此之后，产能过剩现象却越来越突出，出现了产能过剩和总需求旺盛共存的矛盾局面。按照有关统计资料，钢铁制造、煤炭加工、电解铝、光伏太阳能等行业陆续出现了产能过剩的情况。与之形成鲜明对比的是，中国城市居民的消费总量、跨境电商与出国消费均连年上涨。

过去的这两次扩大内需之所以出现显著不同的结果，一个很重要的原因，就是1997年我国针对东南亚金融危机采取的一系列措施实现了供给侧的生产与需求侧的需要基本相符，保证了国民经济的平稳增长，实现了供给端与需求端的良性循环。不过，随着我国经济总量规模不断跃升，由高速增长阶段转向高质量发展阶段，人民日益增长的美好生活需要和不平衡不充分的发展之间的矛盾成为当前社会的主要矛盾。在经济领域则表现为"供给结构升级明显滞后于消费升级，在生产和需求之间出现了明显错位和脱节现象,使得政府扩大内需的措施不但没有有效缓解生产的相对过剩,反而由于扩大内需而促进了居民消费方面质与量的变化,扩大的总需求更多地聚焦于一些生活必需品上"[1]。前几年的生猪、果蔬和各种农作物价格大幅度上涨,并带动了消费者物价指数(CPI)不断上涨便是突出的例证。

这充分说明,扩大内需政策必须建立在产业结构调整升级的基础上,才能实现更高水平的动态均衡。所以,党的十九届五中全会进一步明确把以供给侧结构性改革为主线贯穿整个"十四五"阶段,进一步将扩大内需政策和推进供给侧结构性改革有机融合起来,这既是对过去相关经验的深入总结,也是对当前新发展阶段的正确研判。

第一,实现供给和需求之间的动态平衡,是应对外部冲击、稳定经济发展的有效途径。当前,百年未有之大变局加速演进,但全球经济复苏迹象尚不明确,且世界通货膨胀水平仍居高不下,俄乌冲突增添更多变数,全球供需可能进一步震荡或收缩。从全球来看,全球生产分配结构和地区格局开始进行广泛深层次调整,石油、天然气和铁矿石等重要能源资源的供给稳定性减弱,世界经济的供需循环受到影响或者被抑制。美国自特朗普上台后贸易保护主义与单边主义思想大行其道,其后的拜登政府虽略有改善但效果并不明显,甚至一些政策进一步强化了"去中国化"以及"脱钩",联合相关国家试图通过"脱钩断链""长臂管辖"等手段遏制中国发展和产业结构转型升级。我国的外部环境面临前所未有的压力和挑战。从国内看,由于人口老

---

[1] 张培丽:《扩大内需与深化供给侧结构性改革结合的逻辑与路径研究》,《中国特色社会主义研究》2021年第3期。

近年来，随着人们生活水平的不断提高，家电行业进入多元化、精细化、智能化的创新阶段，智能家电市场规模迅速扩大，越来越多的消费者选择购买智能家电产品。图为上海一家电商城的智能设备专区

中新图片 / 陈玉宇

龄化问题日益凸显，人口、土地、资本等传统要素资源优势地位明显弱化，芯片制造等行业迫切需要突破瓶颈，全要素生产率的提升也受到了影响，亟须供给与需求二者相向协同用力，增加有效供给，促进产品升级转型，不断形成新的市场竞争优势。

面临日益复杂和增多的新情况新问题，唯有充分发挥我国超大规模市场这一自身优势，全面发掘需求潜能，提升国民经济的内生动力，才能更好地应对诸多困难与问题，将风险与影响最小化，并在未来的产业链、供应链与价值链调整布局中掌握主动。这就要求我们统筹谋划优化供给和扩大内需，打通卡点堵点，促进供给与需求的健康良性循环，实现供给与需求的动态均衡，以更好地应对外部冲击，并给全球经济运行增添新动力。

第二，供给与需求的有机结合是构建新发展格局、推动高质量发展的必然要求。一段时期以来，随着国内外有效需求减弱，我国超大规模市场的潜能和活力长期得不到完全释放与激发，虽然我们有着全世界最完整的工业体系，但是因为生产技术和工业基础的相对不足，制造出的高档商品还比较欠缺，占据市场的商品仍然以中低端商品为主。在需求格局已改变的前提下，由于国内供给端的生产自主能力已无法适应需求端的消费增长需求，相当一部分中高端市场只能拱手相让给海外厂商，而国内消费者的需求也不能得到有效满足，造成了国内经济循环不够顺畅，凡此种种已严重妨碍了国民经济由高速度发展走向高质量发展。为了保证供给结构能够实现对需求结构的调整转型，我们提出了供给侧结构性改革，将宏观调控重点转向了供给侧，强调企业必须减少无效产能、压缩过剩产能和淘汰落后产能，培塑企业可持续增长的新动力。近年来，尽管供给侧结构性改革已经取得了重要突破，但"各要素配置水平依然不高，需求侧有效需求不够、产品结构性错配严重的现象依然存有，成为供给侧结构性改革持续深入推进的最主要因素"[1]。从目前我国正在实施的各项宏观调控政策的实际效果来看，无论是偏重需求侧管理，还是强调供给侧管理，都还难以达到供需平衡的合理状态，所以政策导向已经开始转向从供给和需求的两端共同作用，以形成合力。

构建新发展格局的关键在于畅通国民经济生产、分配、流通和消费的再生产全过程，要充分发挥我国超大规模市场的优势，把解决国内需求当作我国经济增长的出发点和落脚点。通过畅通国内大循环培养经济增长的新动力，提升供给体系的质量，使供给体系和国内需求更加协调顺畅。同样，借助中国超大规模市场的资源优势，强化国内与国际的互联互通，以更高水平和更高层次的对外开放参与到国际市场，推动形成内循环带动外循环，双循环相互促进的发展局面。所以，构建新发展格局，推动高质量发展，必须在深化供给侧结构性改革的同时，注重需求侧管理，实现供给与需求在更高水平上的动态均衡。

党的二十大报告明确提出："坚持以推动高质量发展为主题，把实施扩大内需战略同深化供给侧结构性改革有机结合起来。"这一重要要求是我们把供给与需求有机结合起来的有力指导和实践要求，通过实施好扩大内需战略，深化供给侧结构性改革，保持经济增长速度处于合理区间，提升发展质量和效率，才能更好地满足人民日益增长

---

[1] 孔祥利、谌玲：《供给侧改革与需求侧管理在新发展格局中的统合逻辑与施策重点》，《陕西师范大学学报（哲学社会科学版）》2021年第3期。

的美好生活需要，不断推进和拓展中国式现代化。

二、推动供给与需求有机结合需把握的重大原则要求

把扩大内需与推进供给侧结构性改革相结合是立足新发展阶段、贯彻新发展理念、构建新发展格局实施的重大战略举措。当前，在促进供给与需求的有机结合过程中需要把握好以下5个主要问题。

第一，推动供给与需求有机结合，必须坚持以推动高质量发展为主题。

由高速增长阶段转向高质量发展阶段是新时代我国经济发展的基本特征。高质量发展是解决发展不平衡不充分问题、体现新发展理念的发展。按照高质量发展的要求，扩大的内需必须是有效需求，是满足人民群众个性化、多样化、不断升级的需求，是有合理回报的投资、有收入依托的消费、有本金和债务约束的需求，是可持续的需求。财政和货币政策要在合理需求不足、市场发展预期走低的关键时刻及时介入和干预，努力做到及时合理、精确施策，注重政策的连贯性和稳定性，坚决不搞"大水漫灌"。供给侧结构性改革要从改善产品品质和效能方面入手，提高对市场中有效需求的适配度，绝不能出现不符合市场发展方向和需求的落后产能和产品，从而避免浪费。生产经营主体要把扩大内需战略和推进供给侧结构性改革有机结合，将二者整合到高质量发展的基本要求上来，在推动企业贯彻新发展理念中、在统筹发展与安全中，释放二者有机结合新的强大潜能；在加快构建以国内大循环为主体、国内国际双循环相互促进的新发展格局中，因势利导，形成二者有机结合新的发展战略方向，推动有效需求和有效供给、消费和投资、内需和外需、自立自强和开放合作良性互

动和高水平动态平衡。因此，一方面，供给侧结构性改革要配合扩大总需求的相关政策，保持经济运行在合理增长区间，提高发展的内生动力，推动经济扩容提质；另一方面，在未来国际形势变化波动加剧的情况下，内需将在支撑经济发展中发挥更加重要的稳定器作用，必须通过扩大内需提高我国经济发展的稳定性和可靠性。

党的二十大报告明确提出"把实施扩大内需战略同深化供给侧结构性改革有机结合起来"，意味着未来政策将在原来供给侧结构性改革与需求侧管理的基础上，更加注重二者的整体统筹协调性，逐渐走向以需求带动供给、以供给带来需求的更高层次动态均衡。未来乃至更长的一段时间，我国经济治理将更加注重畅通生产、流通、分配、消费大循环，在"堵点"较为密集的生产要素领域，通过强化对土地、资本、劳动力、创新、信息等生产要素的市场化分配，带动生产要素资源禀赋改善，进一步释放企业发展的巨大内生动能，不断巩固扩大内需的优势。

第二，推动供给与需求有机结合，必须坚持以深化供给侧结构性改革为主线。

经济社会发展从长期来说是供给创造需求，依靠供给拉动经济增长。发展永不停息，供给端的品质改善和内部结构优化提升也永不停息。从当前我国经济发展现状来看，供给与需求都会对经济社会发展产生影响，但重点还是在供给侧，其中出现的卡点、堵点和脆弱点，令供给结构无法满足需求结构的变化。我们始终强调要贯彻深化供给侧结构性改革这一主线，就是要充分发挥创新驱动引领作用，不断推进技术创新、机制创新，努力打通堵点，以主动可控、精准高效的供给适应市场和创新要求。一是那些对外部依赖度大、短期内无法找到替代的资源，随时会面临停供断供的行业，应抓紧时间补齐短板。二是对有需要而尚未获得合理发育完善的行业，包括优秀品牌商业，育儿养老、教育科技等高质量多元化生活型服务业，科研软硬件制造、财务审计等高级生产型服务业，绿色生态行业等，应加大对外开放力度，尽快调整供需格局。三是要顺应新一轮科学技术变革与业态转型的大潮流，促进新业态、新科技、新赛道蓬勃发展，用新的供给创造新的需求，积极涵养和培育经济增长的不竭动能。

第三，推动供给与需求有机结合，必须坚持充分发挥超大规模市场优势。

我国是有14亿多人口的大国，中等收入人口已超过4亿，正向中高收入国家行列迈进。随着新型工业化和城镇化的不断推进，居民收入水平和消费能力也逐步提升，我国已成为拥有当今世界上最具潜力的超大规模市场的国家。我国目前具有当今世界上体量最大、生产门类最齐全的工业产品体系，制造业的产品产量居于全球前列，在世界生产分配结构和供应链系统中处于重要的位置，具备了保障和支撑国内国际双循环发展的巨大供应能力。市场资源是世界上最紧缺的基础资产，超大规模的国内外需求将为中国经济增长提供最重要的大规模发展能力、市场增长能力和抗冲击能力。"一方面，超大规模市场有利于推进高水平科技自立自强。在开放型经济条件下，实现科技自立自强既有赖于关键核心技术攻坚取得突破，也需要大规模市场需求的涵养，即通过超大规模市场需求为'卡脖子'攻关类新产品、新技术提供大规模应用场景和持续迭代机会，为掌握关键核心技术的高技术企业提供成长空间和竞争机会，从而在科技创新领域形成需求牵引供给、供给创造需求的更高水平动态平衡。另一方面，超大规模市场内部也更容易形成和维持产业配套以及完整的产业体系，有利于确保产业生态的丰富性和多样性，从而增强产业链供应链安全性和稳定性。"[1] 要牢固把握当前我国扩大内需的战略基础，充分借助建立完善超大规模市场这一战略资源，发挥好其具有的稳定经济、自立自强、对外黏合、促进竞争等优势，不断增强我国经济的竞争力和适应力。

第四，推动供给与需求有机结合，必须坚持稳中求进工作总基调。

稳中求进是治国理政的重要原则，也是做好经济工作的方法论。稳是主基调、基本盘，要稳住宏观经济大局，稳住产业链供应链完整性，稳住能源等初级产品供给，为积极进取奠定基础，为应对复杂局面和各种挑战增强底气；进是积极进取、有所作为，要在深化改革、优化要素配置、推进结构的调整上迈出更大步伐。当前，中国经济面对复杂多变的形势，需要进一步加强辩证思维能力，学会把握局部与全局、短期与长期、重点与非重点的辩证关系，在权衡利弊中作出合理选择。贯彻"稳中求进"，就是少一些"单打一"，多一些"组合拳"，增强各项政策的相关性和协调性，克服单兵突进、顾此失彼。各地方各部门的工作思路、任务安排、政策措施要自觉同党的理论和路线方针政策对标对表、及时校偏纠差，确保政策落实不走样。一方面，要强化供给侧管理，着重从稳增长、调结构、惠民生的结合部分发力，如打破供给的堵点、确保初级产品供应、防范化解重大风险等，这些方面无疑是疫情防控措施优化后经济工作的重点内容。供给侧结构性改革必须在优化发展市场经济营商环境、打破传统价格垄

---

[1] 毛有佳、赵昌文：《充分发挥超大规模市场优势》，《经济日报》2021年8月18日。

长风破浪未来可期的 **中国经济**

14亿多人口的庞大市场、4亿多中等收入群体的强大购买力，继续成为中国经济发展的可靠保障和有力引擎。图为2023年春节假期期间游人如织的浙江省杭州市塘栖古镇

中新图片 / 柱子

断、推动生产要素的市场化配置、形成国内统一大市场等方面发力，以突破束缚供给端的体制性机制性障碍、激活微观市场为方向。另一方面，各级要强化需求侧管理，努力完善分配制度，继续完善社会保障体制，着力推进投资融资体制改革，实现高质量就业，全面释放消费能力，切实满足中小微企业的融资需求。习近平总书记强调："战略上要坚持稳中求进，搞好顶层设计，把握好节奏和力度，久久为功。战术上要抓落实干实事，注重实效，步步为营，一仗接着一仗打。"[1] 推进供给与需求二者的有机融合，就必须坚持长短结合、稳扎稳打，既进行长期战略规划，又切实贯彻执行具体要求。

第五，推动供给与需求有机结合，必须坚持系统观念和底线思维。

当前，我国发展所面临的各种不稳定不确定因素不断增多，必须增强系统观念和底线思维，做好"黑天鹅"、"灰犀牛"事件的防范和应对，牢牢守住不发生系统性风险的底线。因此，既要从供给端扎实做好"三保"（保基本民生、保工资、保运转）支出工作，满足合理融资需求；又要从需求端提升信心和良性发展预期，扩大有效需求，引导相关产业向新发展模式平稳过渡。近年来，为促进房地产市场平稳健康发展，国家职能部门先后设置了"三道红线"并出台了房地产贷款集中管理制度，逐步构筑起房地产市场信贷防火墙，分别从房地产开发企业和商业银行两方面发力，收紧融资需求和供给，成为挤出楼市泡沫的关键举措。诸多房地产金融调控举措的出台，体现出国家职能部门遵循系统观念实施调控，更彰显出监管部门牢固树立底线思

---

[1]《把改善供给侧结构作为主攻方向　推动经济朝着更高质量方向发展》，《人民日报》2017年1月23日。

维的务实精神。2022年底召开的中央经济工作会议明确提出要"坚持实事求是、尊重规律、系统观念、底线思维",具有鲜明的现实指向和针对性。以习近平同志为核心的党中央直面问题,坦诚、实在,对当前形势的严峻挑战作出了充分估计,对市场和社会关注的重点问题,如疫情流行期、提振发展信心、支持平台经济、化解房地产风险、社会上关于民营经济的不正确论调等都作出了非常果断和直接的回应和部署。面临复杂严峻的国内外形势,需要进一步统筹兼顾发展与安全,下好先手棋、打好主动仗。

三、把实施扩大内需战略同深化供给侧结构性改革有机结合的主要任务

随着我国进入新发展阶段,把实施扩大内需战略同深化供给侧结构性改革有机结合,对于建设现代化经济体系,构建新发展格局有巨大作用。所以,要把推动国内国际双循环相互促进、保持宏观经济稳定、增强微观主体活力、提高全要素生产率、提升产业链供应链韧性和安全水平、防范化解系统性风险等作为主要任务持续推进。

第一,注重推动国内国际双循环相互促进。我国的超大规模市场优势,既能稳固和扩大内部循环,又能引导和推进全球流通。从市场需求的视角分析,规模巨大的国内市场消费需求丰富多样。我国经济总量和规模持续增长,2022年国内生产总值达121万亿元,社会消费品零售总额达到44万亿元,全国居民人均可支配收入36883元,位列世界中等偏上收入国家行列[1],是当今世界上中等偏上收入人群

---

[1] 参见《国家统计局局长就2022年全年国民经济运行情况答记者问》,国家统计局网站2023年1月17日。

规模最大的国家,拥有巨大的消费需求,消费结构不断升级;从市场供给的角度分析,目前我们已经具有最完整和规模最大的工业体系门类,已经成为世界上唯一拥有联合国制造业分类所列全部项目的国家,220多个制造业的产品产量已排名全球第一,制造业增加值连续11年蝉联全球第一,粮食生产创下历史新高,现有1.7亿多接受高等教育或掌握不同专长的人才队伍[1],论文发表数量和科技研发水平持续提高。

  这些数据充分表明,既有纵向深度又有横向宽度的巨大需求和供给能力为形成新的局面奠定了坚实基础,为实现高质量发展这一战略目标提供了良好的先决条件,要通过推动国内国际双循环相互促进将其利用好。一要加快内需市场开放。加大国内外企业合作,促进经济全球化,进一步提升开放水平,发挥好开放经济对扩大国际流通与循环的积极作用,深度参与和融入世界经济产业分工与合作,保持更多层次和更加稳定的产业布局,同外部世界实现良性互动。二要大力发展跨境电子商务。跨境电子商务是目前国内国际双循环的重要支撑。当前,要加快跨境电子商务的法律法规建设,创新发展模式,完善跨境结算服务,推动行业规范化与标准化,促进中外贸易和投资的自由流动。三要加强国际企业全球化战略管理。国际企业在建立全球化战略管理机制时,要以市场化原则为核心,实施统一市场化管理评估体制,推进国际化发展,以提升自身竞争力,为促进国内国际双循环提供支撑,进一步扩大制度、科技、规范、管理的对外开放领域,协调好对外开放和安全合作的相互关系,更好地衔接国际经贸规则,进一

---

[1] 参见《高质量发展的人力富矿:中国拥有1.7亿人才资源》,《经济日报》2020年6月5日。

步形成有利于我国中小企业成长的规范化、法治化、国际化的良好经营氛围。加快实施自贸区提升战略，持续巩固与扩大多边双边经贸关系，进一步提升经贸领域的合作质量和水平。四要加强国内金融支持和服务能力。要通过发放贷款、开展保险、建立投资基金等方式，增强对国内国际双循环的金融保障能力和服务能力，帮助企业更好地投资，加强商业运作。五要强化税收政策的制定和执行。税收是助力国内国际双循环的重要支撑。政府要综合考虑国家长远发展利益，适当减免税费，帮助企业节约成本，尤其是引进外资企业，使企业得到更加充分的支持和激励，有效地推动国内国际双循环。六要优化人才交流体制机制。国内国际双循环是经济全球化的重要内容。国家要加强人才培养和流动，优化人才交流机制，改善人才聚集的条件，保持社会稳定，加强人员技术交流和职业认证。七要推动科技融合创新。开展科技融合创新，加强科技信息共享，增强双循环结合点，推动区域科技创新中心建设，完善创新体系，发展国内国际双循环联动，提升国内外资源配置效率，以提高整体双循环能力，发挥我国工业技术基础能力强劲、部分行业产品产量国际领先的优势，积极参与世界和地区供应链产业链的优化布局，建立更加密切的国际经济关联。八要着力形成国内统一大市场。全面挖掘内需潜能以冲破妨碍国内外大流动大循环的各种壁垒，进一步拓展商品和服务要素市场的对外开放，主动吸纳资本、技术、信息、人力资源等优质要素及产品，不断化解相关国家对我国围堵压制造成的不利影响。

第二，注重保持宏观经济稳定。经济运行过程中势必会出现周期性波动甚至震荡，但也要主动作为，防止经济运行大起大落。所以，在一个相对较长的历史时期里，保持宏观经济稳定和持续增长，对于全面建设社会主义现代化国家具有重要基础性作用。我国经济稳中向好、长期向好的基本面没有变，我国经济发展潜力足、韧性大、活力强、回旋空间大、政策工具多的基本特点没有变，我国发展具有的多方面优势和条件没有变。我们完全有条件有能力战胜当前面临的困难和挑战，稳住宏观经济大盘。要提高和完善政府宏观调控，进行宏观政策跨周期设计和逆周期调整。要加强宏观经济预警制度，提高政府宏观调控决策的透明度、公信力和科学化水平，在市场曲线之前做好预估预判。要充分发挥好各项国家发展计划的战略导向功能，搞好国家财政政策和货币政策的统筹配合，不断扩大内需，进一步增强居民消费对经济社会发展的带动功能和投资对供给结构的优化功能，进一步释放中国特色现代化建设所蕴藏的海量居民消费能力和巨大投资潜力。

第三，注重增强微观主体活力。在社会主义市场经济环境下，企业是整个市场机制正常运转的微观主体和基础。回顾中国经济发展的历程不难发现，民营经济和中小企业在壮大中国经济规模、提升地方经济活力、保证就业和提升人民收入与生活水平上发挥了不可或缺的作用。当前，我国经济发展正经历复杂多变的摸索与试错过程，最终目的是使其韧性得到加强、效率得到提升。这就需要继续发扬企业家精神，激发企业活力，实现创造性发展。要营造良好市场氛围，积极推动后疫情时期的微观经济全面发展，实施公开统一的市场监管机制，持续做好"放管服"工作，积极服务于民企和小微企业发展。要克服融资难融资贵的社会现实问题，面对当前部分民企的融资困难，进一步完善投资融资政策和企业财税支持优惠政策，主动开拓投资融资途径，强化投资融资平台的建设力度，支持中小企业运用资本市场力量进行直接投资，以切实降低民企投资负担。要改进创新创业环境，继续改进服务体制，精准高效推进金融服务，促进信用信息资源共享。要增强创新发展实力，注重培养优秀中小企业家团队，支持国内外合作和交往。要通过加大融资平台建设力度，扩大直接投资，完善民营和小微企业信用担保体系以及银行精准服务来支持城市现代金融发展，以增强微观主体的资本实力。要采取完善国家重大基础设施工程、打造多元化的科技平台、优化国家科技人才政策、融入国家级技术创新网络等举措，提升各类微观主体的活力。

第四，注重提高全要素生产率。全要素生产率一般是指在所有生产要素的总投入量保持不变之后，生产效率仍有显著提高的部分，所以又被称为技术进步率。这一重要指标决定着经济内涵式发展程度和潜在的增速水平。按照佩恩世界表的统计资料，目前我国的全要素生产率与美国还存在着显著差距，2019年为美国的44%，不到一半，与日本和韩国在完成各自的工业化时，全要素生产率大约为美国的70%相比，我国全要素生产率明显偏低。当前，我国以往带动经济增长的重要因素，即大规模固定资产投资和人口红利的作用已日渐有限和不足，如何从全要素生产率中寻找中国经济增长的新动力，成为当前紧要而迫切的问题。

提升全要素生产率的重点是抓住"两端"，即理论研究的投入与科学技术的转化。要立足百年未有之大变局和中华民族伟大复兴战略全局进行规划，逐步实现由原来科技产品和基础零部件及软件的"模仿—吸收—应用"的技术发展方式和以出口为牵引的资源配置模式，向"以先进技术的自立自强、超大规模内需市场牵引、畅通的国内国际双循环"为特点的新的全要素生产率的模式进行转变。一方面，积极推动科学技术的创新与进步，不断拓展生产可能性边界。立足当前形势，从对国民经济与社会发展的重要技术领域关键性突破入手，即着力解决重要零部件与原材料供应的"卡脖子"问题，着眼于长远，对重大基础研发与前沿技术领域超前部署，积聚原始创新与集成创新能力，推动未来经济可持续发展、高质量发展。另一方面，通过推进现代化经济体系的"深水区"攻坚，推动全国统一大市场建设，促进供需匹配，打破区域分割，消除阻滞堵点，完善市场机制，推进高水平对外开放，形成"内循环打造高效统一大市场，外循环构建稳定畅通全球供应链"的良好局面，打破少数国家逆全球化潮流封锁，将我国巨大的国内外市场资源和全球市场经济体系密切融合。

第五，注重强化产业链供应链韧性和安全水平。产业链供应链在关键时刻能保持正常运转是一个经济大国必须具备的能力。近年来，我国产业链供应链发展趋势总体向好，成熟的产品管理体系、有力的生产动员组织和生产转换能力，为疫情防控工作和经济社会发展等诸多方面提供了有力的物质保证。一方面，我国产业体系完备这一优势得到持续强化。在500多种重点制造业商品中，我国有四成以上商品的出口量名列全球首位。特别是高铁、5G技术和设备、新能源汽车等先后成长为领先世界的关键产业链。另一方面，通过统合国内国际双循环，产业链供应链的韧性得到持续强化。要把扩大内需作为保证国民经济稳定较快发展的根本立足点，促进国民经济发展向内需为主转化，使国内循环的重要地位明显增强。在此基础上，要发挥超大规模的资源优势，着力建设高效有序、公平竞争、全面开放的国家统一大市场，以有效促进世界生产要素与优势资源在我国更广范围内的有序流动，加大引进和利用外资的力度，进一步提高国际贸易领域的效率和质量，提升国际循环质量和水平。一些领域已经呈现出外商投资主动与我国发展战略相契合的趋势，为我国的产业链供应链安全稳定提供了助力。

针对个别国家采取的"脱钩断链"行为，必须在关乎安全发展的领域着力弥补缺口，尤其是要补齐重要软件、基础硬件、关键原材料方面的缺口，进一步增强自主知识产权的替代接续能力，以实现产业链供应链安全顺畅。要继续将未来经济发展的着力点放到实体经济上，进一步加强优势制造业的产业领先地位，走高端化、智能化、绿色化发展道路，形成优质高效的现代服务业新体系，加速建设数字经济体系，形成新的经济发展动力源，同世界各国携手维护全球产业链供应链安全。

第六，注重防范化解系统性风险。防范化解系统性风险要求标本兼治，要提高需求侧管理的针对性，对关键风险点加强流动性投入和预期控制，处理好防止系统性风险与企业道德风险之间的关系。相应地，持续推动供给侧结构性改革，促进企业生产转型，进一步提高管理制度创新，不断优化金融体系的结构功能，不断促进生产要素市场的合理分配，实现科技、服务、资本的良性循环，将防范与减少系统性风险建立在企业自身更加坚实健康的基础上。

当前，经济金融领域重大风险的根源在于供给和需求之间的严重失衡错位、循环不畅，防范化解风险是扩大内需战略和供给侧结构性改革的有机结合点，当前国内面临的三大经济金融风险主体为房地产企业、中小金融机构以及城投平台。2022年我国出台了住房金融改革"十六条"，目的在于缓解房地产企业经营风险、推动"保交

5G作为移动通信领域的重大变革点,成为新基建的领衔领域,也是经济发展的新动能。图为中国科技馆展出的"互联5G时代"主题展览

中新图片 / 陈硕

楼"和化解银行不良资产工作有序推进。但是，仍然不可忽略这一行业和领域所面临的销售疲软以及部分中小房地产企业因回收资金不畅导致收入下降、流动性紧张和偿债压力上升等导致的系统性风险的发生。党的二十大报告强调："强化金融稳定保障体系，依法将各类金融活动全部纳入监管，守住不发生系统性风险底线。"可以预见，国家各职能部门将进一步出台和制定政策法规，逐步划分各类基金对重大金融风险事项的保障范围、职责划分、处理办法等，以便为市场主体与金融组织和机构设置更为多样化、系统化的经营风险解决办法。针对城投公司及平台企业资金方面，地方财政部门以及银保监部门隐性债务和化债不实等重大违法违规现象，将继续加强监管，依法依规保护城投公司企业的合法运营，并配合好各地政府合理防范化解债务风险。

第六章

构建高水平社会主义市场经济体制

社会主义市场经济体制是我国改革开放的伟大创造，是社会主义基本经济制度的重要组成部分。党的二十大报告着眼全面建设社会主义现代化国家的历史任务，作出构建高水平社会主义市场经济体制的战略部署。2022年底召开的中央经济工作会议进一步强调，坚持和完善社会主义基本经济制度，坚持社会主义市场经济改革方向，坚持"两个毫不动摇"。迈上全面建设社会主义现代化国家新征程，必须构建更加系统完备、更加成熟定型的高水平社会主义市场经济体制，为着力推动高质量发展提供强有力的制度保障。

一、坚持和完善社会主义基本经济制度

党的十八大以来，随着全面深化改革向广度和深度进军，中国特色社会主义制度更加成熟更加定型，国家治理体系和治理能力现代化水平不断提高。在一系列"更加成熟更加定型"的中国特色社会主义制度中，党的十九届四中全会将"公有制为主体、多种所有制经济共同发展，按劳分配为主体、多种分配方式并存，社会主义市场经济体制"并列，作为社会主义基本经济制度的重要组成部分。这是对社会

主义基本经济制度的内涵作出的新概括。

第一,坚持公有制为主体、多种所有制经济共同发展。马克思主义认为,所有制是社会经济制度的核心,决定着社会经济制度的性质。早在《共产党宣言》中,马克思、恩格斯就明确指出,进入社会主义社会,要适应社会化大生产的发展需要,将生产资料归社会占有,通过"自由人联合体"来组织生产。也就是说,生产资料公有制是社会主义制度的基本经济特征。然而,正如列宁所指出的:"设想世界历史会一帆风顺、按部就班地向前发展,不会有时出现大幅度的跃退,那是不辩证的,不科学的,在理论上是不正确的。"[1]人类社会的发展历程表明,任何一种所有制形式,其表现形式都呈现出复杂性特征。封建主义经济中有原始的公有制成分,也有资本主义萌芽存在;资本主义经济以私有制为主体,但是也并不排除或多或少的国有制成分。改革开放以后,我国对生产关系进行调整,开启了经济体制改革。我国的经济体制改革是从突破单一公有制的禁锢开始的。首先在农村实行家庭承包经营,解决了以往一直没有解决好的平均主义、大锅饭问题,极大地解放和发展了农业生产力;紧接着在城市出台了允许自行创业、自主就业的政策,解决了长期没有解决好的青年就业问题,并由此给单一公有制的计划经济体制撕开了口子,让个体和私营经济得到生长,特别是乡镇企业异军突起,逐步与引进的外资一起成长为社会主义市场经济的重要组成部分,给中国经济发展带来了活力。

改革开放以来,我国社会主义现代化建设取得了举世瞩目的伟大

---

[1]《列宁全集》第28卷,人民出版社2017年版,第6页。

成就，实现了从生产力相对落后到经济总量跃居世界第二（2010年，中国成为世界第二大经济体，此后，中国GDP总量一直稳居世界第二）的历史性跨越，中华民族迎来了从站起来、富起来到强起来的伟大飞跃。这些成就证明，公有制为主体、多种所有制经济共同发展的所有制形态，既发挥了国有经济的主导作用，也有力地促进了非公有制经济快速增长；既体现了社会主义制度的优越性，又适应了我国社会主义初级阶段社会生产力发展水平的实际；既激发了经济体制的活力，又确保了我国经济体制改革的社会主义方向。党的十五大将我国社会主义初级阶段的所有制结构和公有制实现形式作出全新阐述，将"公有制为主体、多种所有制经济共同发展"作为社会主义初级阶段的一项基本经济制度确立下来。同时强调："国有经济起主导作用，主要体现在控制力上。"公有制实现形式可以而且应当多样化。这是对马克思主义经济理论的新概括。此后，针对社会上的一些错误认识和政策实施中的一些偏差，自党的十六大起，我们党一再强调，"毫不动摇地巩固和发展公有制经济"，"毫不动摇地鼓励、支持和引导非公有制经济发展"，并且从政策上保护各种所有制经济产权和合法利益，给非公有制经济人士吃下"定心丸"。

第二，坚持按劳分配为主体、多种分配方式并存。按劳分配为主体、多种分配方式并存是所有制变革的必然结果。这一变革意味着要承认由于分配要素的差异所导致的收入上的差别。改革开放初期，邓小平提出："一部分地区有条件先发展起来，一部分地区发展慢点，先发展起来的地区带动后发展的地区，最终达到共同富裕。"[1] 在这一

---

[1]《邓小平文选》第三卷，人民出版社1993年版，第374页。

政策的主导下，按劳分配原则得到充分贯彻，资本、土地、技术等生产要素的价值得到充分体现，极大地调动了各方面的积极性。

改革开放以来，伴随着国民经济的快速增长，我国居民人均收入有很大提高。据统计，我国居民人均可支配收入从 1978 年的 171 元增长到 2022 年的 36883 元；城乡居民恩格尔系数分别由 1978 年的 57.5% 和 67.7% 下降到 2022 年的 29.5% 和 33.0%，消费结构实现了从生存型向发展型的改变。[1]但是，这只是平均水平。由于我国不同地区的收入增长幅度有较大差异，我国基尼系数长期徘徊在 0.4 左右的水平，显示出居民收入差距拉大仍是我国收入分配中存在的一个突出问题。

党的十八大以来，党中央把逐步实现全体人民共同富裕摆在更加重要的位置上。习近平总书记强调："共同富裕是社会主义的本质要求，是人民群众的共同期盼。我们推动经济社会发展，归根结底是要实现全体人民共同富裕。"[2]进入新时代，我国社会主要矛盾已经转化为人民日益增长的美好生活需要和不平衡不充分的发展之间的矛盾。为了更好地适应我国社会主要矛盾的变化，更好地满足人民日益增长的美好生活需要，必须把促进全体人民共同富裕作为着力点，不断夯实党长期执政的基础。在全面建设社会主义现代化国家的新征程上，"全体人民共同富裕基本实现"已经被确定为第二个百年奋斗目标中的一项重要内容，这是我们党基于全心全意为人民服务的根本宗旨向全国人民作出的庄严承诺。然而，我们也必须清醒地看到，我国依然处在社会主义初级阶段的基本国情没有变，我国依然是世界上最

---

[1] 参见国家统计局：《中华人民共和国 2022 年国民经济和社会发展统计公报》，《人民日报》2023 年 3 月 1 日。
[2]《习近平谈治国理政》第四卷，外文出版社 2022 年版，第 116 页。

长风破浪未来可期的 中国经济

浙江省是高质量发展建设共同富裕示范区。该省泰顺县西旸镇推动全县55个经济薄弱村参与投资建设兴农光伏电站，带动低收入农户增收，为乡村振兴夯实了经济基础，为支持浙江高质量发展建设共同富裕示范区提供了泰顺样本。图为该镇光伏电站航拍图

中新图片 / 周汉祥

大的发展中国家的国际地位没有变，扎实推进共同富裕的道路任重而道远。习近平总书记指出，要"在高质量发展中促进共同富裕"。这句话指明了共同富裕的实现途径和努力方向。推进共同富裕，发展问题是第一位的。只有坚持公有制为主体、多种所有制经济共同发展，既把国民经济的蛋糕做大，又处理好效率和公平的关系问题，构建既体现效率又促进公平的收入分配体系，才能在高质量发展中扎实推动全体人民共同富裕。

第三，加快完善社会主义市场经济体制。习近平总书记指出："在社会主义条件下发展市场经济，是我们党的一个伟大创举。"[1]改革开放40多年来，我们党成功开辟了中国特色社会主义道路，探索并建立了社会主义市场经济体制，丰富和发展了社会主义基本经济制度。

党的十一届三中全会以来，党在深化经济体制改革过程中，不断深化对计划与市场关系的认识。党的十二大提出"计划经济为主、市场调节为辅"；党的十二届三中全会首次提出"有计划的商品经济"范畴，作出了商品经济的充分发展是"社会经济发展不可逾越的阶段"的论断；党的十三大提出"国家调节市场、市场引导企业"的改革思路；党的十四大明确提出我国经济体制改革的目标是"建立社会主义市场经济体制"；党的十六大作出社会主义市场经济体制初步建立的判断和不断完善社会主义市场经济体制的部署。党的十八届三中全会提出要坚持社会主义市场经济改革方向，使市场在资源配置中起决定性作用和更好发挥政府作用。如果说，党的十四大提出建立社会主义市场经济体制是对生产力的一次大解放，那么党的

---

[1] 习近平：《不断开拓当代中国马克思主义政治经济学新境界》，《求是》2020年第16期。

十八届三中全会提出使市场在资源配置中起决定性作用则是对生产力的又一次大解放。经过40多年持续不断的深化改革，我国逐步实现了从高度集中的计划经济体制到充满活力的社会主义市场经济体制的历史性转变。

全面建成社会主义现代化强国，以中国式现代化全面推进中华民族伟大复兴，对进一步完善社会主义市场经济体制提出了更高要求。构建高水平社会主义市场经济体制，必须紧紧围绕实现高质量发展的主题，精准贯彻新发展理念，善于运用改革思维和改革办法，在社会主义基本制度与市场经济的结合上下功夫，不断破除制约高质量发展的体制机制障碍，加快推进有利于提高资源配置效率的改革、有利于提高发展质量和效益的改革、有利于调动各方面积极性的改革，加快建设更高质量、更有效率、更加公平的社会主义市场经济体制。

二、坚持社会主义市场经济改革方向

改革开放以来，我国取得经济快速发展和社会长期稳定的一个关键因素，就是确立了社会主义市场经济体制，把社会主义优越性同市场经济一般规律有机结合起来。2022年底召开的中央经济工作会议强调，必须"坚持社会主义市场经济改革方向"，就是要在深化社会主义市场经济改革中，推动社会主义制度优势与市场经济优势更好结合。

第一，进一步激发各类市场主体活力。坚持社会主义市场经济改革方向，要在坚持"两个毫不动摇"的基础上，深化国资国企改革，加快国有经济布局优化和结构调整，推动国有资本和国有企业做强做优做大，提升企业核心竞争力；优化民营企业发展环境，依法保护民营企业产权和企业家权益，促进民营经济发展壮大。

深化国资国企改革。一是完善中国特色国有企业现代公司治理制度。一方面，要厘清党组织、董事会、经理层之间的权责边界，坚持党对国有企业的全面领导，促进加强党的领导和完善公司治理相统一；另一方面，要完善市场化的激励约束机制，进一步推动干部能上能下、员工能进能出、收入能增能减的机制，激发国有企业内在活力。二是坚持分类改革方向。按照完善治理、强化激励、突出主业、提高效率的要求，深化国有企业混合所有制改革，在传统行政垄断领域和行政壁垒行业迈出实质性步伐。三是推动国资监管从"管资产"向"管资本"转变。以国有资本投资、运营公司为抓手，科学合理界定政府及国资监管机构、国有资本投资、运营公司和所持股企业的权利边界，通过扩大国有企业自主经营的权利，不断提高国有企业在与各类企业平等竞争中的经营能力和创新能力。

促进民营经济发展壮大。党的十八大以来的10年，民营经济的国内生产总值占比从50%上升至60%以上，税收贡献超过50%，技术创新和新产品研发占比超过70%，城镇劳动就业岗位贡献超过80%。[1] 党的二十大报告强调："优化民营企业发展环境，依法保护民营企业产权和企业家权益，促进民营经济发展壮大。"2022年底召开的中央经济工作会议明确指出："要从制度和法律上把对国企民企平等对待的要求落下来，从政策和舆论上鼓励支持民营经济和民营企业发展壮大。"可见，在全面建设社会主义现代化国家新征程上，鼓励、支持、引导非公有制经济发展具有坚实的政治保障，民营经济发展前景广阔、大有可为。党中央、国务院出台一系列鼓励、支持、引导民营经济发展

---

[1] 参见《毫不动摇坚持完善社会主义基本经济制度》，《经济日报》2022年12月26日。

2022年以来，山东省日照市国资国企扎实开展企业高质量发展对标提升行动，聚力打造推动日照高质量发展的强力引擎，稳定器、压舱石作用凸显。图为山东省日照市交通能源发展集团承建的日照综合客运站及配套工程项目

中新图片 / 李拾欢

的重要政策，各地区各部门细化、量化政策措施，制定相关配套举措，推动政策落地、落细、落实，真正从政策和舆论上鼓励支持民营经济和民营企业发展壮大，依法保护民营企业产权和企业家权益。

第二，建设高标准市场体系。构建以国内大循环为主体、国内国际双循环相互促进的新发展格局，关键在于国内外经济循环的畅通无阻。这就要求完善市场准入、产权保护、公平竞争等市场经济基础性制度，促进商品要素资源在更大范围内畅通流动。2022年4月10日，中共中央、国务院发布《关于加快建设全国统一大市场的意见》,提出建设全国统一大市场。意见强调把"强化市场基础制度规则统一"作为首要任务,加快建设高效规范、公平竞争、充分开放的全国统一大市场。

一是完善统一的产权保护制度。严格的产权保护,是激发各类市场主体活力的原始动力。要完善平等保护产权的法律法规体系;健全产权执法司法保护制度,依法平等保护国有、民营、外资等各种所有制企业产权;加强数据、知识、环境等领域产权制度建设。二是推进要素市场化配置改革。这是建设高标准市场体系的重点和难点。要推动经营性土地要素市场化配置,建立健全城乡统一的建设用地市场,统筹推进农村土地征收、集体经营性建设用地入市、宅基地制度改革;要破除劳动力和人才在城乡、区域和不同所有制单位之间的流动障碍,减少人事档案管理中的不合理限制;要建立数据资源产权、交易流通、跨界传输和安全保护等基础制度和标准规范,推动数据资源开发利用;要深化公共资源交易平台整合共享,提升要素交易监管水平。三是强化竞争政策基础地位。这是建设高标准市场体系的重要路径。要全面落实"全国一张清单"管理模式,放宽市场准入试点;要持续清理废除妨碍全国统一市场和公平竞争的规定和做法;要加强平台经济、共享经济等新业态领域反垄断和反不正当竞争规制;要放开竞争性业务准入,进一步引入市场竞争机制,加强对自然垄断业务的监管。四是健全社会信用体系。这是建设高标准市场体系的基础支撑。要建立健全信用法律法规和标准体系,制定公共信用信息目录和失信惩戒措施清单;要加强信用信息归集、共享、公开和应用,建立公共信用信息和金融信息的共享整合机制;推动更多重点领域深入实施信用分级分类监管,对失信主体采取减损权益或增加义务的惩戒措施；要加强信息安全和隐私保护，严厉打击非法收集、买卖信用信息违法行为。

第三，理清新时代政府与市场的关系。坚持社会主义市场经济改革，关键要处理好要政府和市场关系，充分利用市场机制，实现资源配置效益最大化；更好地发挥政府作用，完善宏观经济治理，有效弥补市场失灵，通过有效市场和有为政府更好结合，彰显社会主义制度优越性，以中国式现代化全面推进中华民族伟大复兴。

充分发挥市场在资源配置中的决定性作用。企业是创新的主体，是推动建设现代化经济体系的生力军。继续发挥经济体制改革牵引作用，着力破除制约发展活力和动力的体制机制障碍，实现市场机制有效、微观主体有活力、宏观调控有度，使一切有利于社会生产力发展的力量源泉充分涌流。要特别注重支持中小微企业发展。当前我国经济需求收缩、供给冲击、预期转弱三重压力仍然较大，受疫情冲击和外部经济环境恶化等影响，不少民营企业特别是中小微企业面临订单缺、成本高、回款慢、融资贵等问题。针对当前中小微企业面临的经营困难和升级难题，2023年1月，国务院促进中小企业发展工作领导小组办公室印发《助力中小微企业稳增长调结构强能力若干措施》，提出了进一步推动稳增长稳预期和着力促进中小微企业调结构强能力的15条具体举措。比如，针对中小微企业融资难融资贵等问题，强调用好支小再贷款、普惠小微贷款支持工具、科技创新再贷款等货币政策工具，持续引导金融机构增加对中小微企业信贷投放；又如，瞄准中小微企业转型升级中的重点环节，提出综合运用科技成果赋智提速、质量标准品牌赋值提升、知识产权保护能力提高等方式，促进中小企业专精特新发展。

更好地发挥政府作用。改革开放以来，宏观调控在推动经济实现持续快速增长的过程中发挥了重要作用。党的十八大以来，以习近平同志为核心的党中央多次强调，坚持宏观政策要稳、微观政策要活、社会政策要托底，努力实现三者有机统一。这是保持经济总量平衡，促进重大经济结构协调和生产力布局优化，防范区域性、系统性风险，实现经济持续健康发展的根本举措。2022年底召开的中央经济工作会议提出要求：一是坚持稳字当头、稳中求进。继续实施积极的财政政策和稳健的货币政策，加大宏观政策调控力度，加强各类政策协调配合，形成共促高质量发展合力。二是产业政策要发展和安全并举。要狠抓传统产业改造升级和战略性新兴产业培育壮大，着力补强产业链薄弱环节，在落实碳达峰碳中和目标任务过程中锻造新的产业竞争优势。三是社会政策要兜牢民生底线。特别是要稳定青年就业、促进优质医疗资源扩容下沉、实施生育支持政策体系、推进渐进式延迟法定退休年龄政策等。总之，要完善宏观经济治理，有效弥补市场失灵，最大限度减少政府对资源的直接配置和对微观经济活动的直接干预，在高质量发展中扎实推动全体人民共同富裕。

三、坚持"两个毫不动摇"

公有制经济和非公有制经济都是社会主义市场经济的重要组成部分，都是我国经济社会发展的重要基础。2022年底召开的中央经济工作会议指出："经济工作千头万绪，要从战略全局出发，从改善社会心理预期、提振发展信心入手，纲举目张做好工作。"同时，特别强调要切实落实"两个毫不动摇"。

第一，毫不动摇巩固和发展公有制经济。这就要始终坚持公有制经济的主体地位和国有经济主导作用。新中国成立后，我国公有制经济在国家建设、国防安全、改善人民生活等方面作出了突出贡献。改革开放以来，国有企业始终控制着国民经济命脉，成为推进中国式现代化的重要经济基础。坚持和完善社会主义基本经济制度，必须坚持公有制主体地位不能动摇、坚持国有经济主导作用不能动摇，这是保证我国各族人民共享发展成果、实现共同富裕的制度基础，也是巩固党的执政地位、坚持我国社会主义制度的重要保证。

在向第二个百年奋斗目标进军的新征程中，推动国有资本和国有企业做强做优做大意义重大。在全面推进中国式现代化的新征程上，国有企业作为我国经济社会发展的重要支撑力量，肩负着创新发展进一步增强核心竞争力的历史使命。随着我国经济社会发展进入新阶段，我国国有企业的核心竞争力不仅体现在规模上的做大，也要体现在效益上的做优。2021年，我国进出口贸易总额达到6.9万亿美元，占全球贸易总额的13%，其中进出口贸易中半壁江山属于我国国有企业，在全球经济中具备举足轻重的影响力。进入新发展阶段，确保我国经济发展的供应链安全与产业链安全，成为国有企业肩负的新的历史使命。

经过多年的改革，虽然我国公有制总体上已经同市场经济相融合，但是还需要在一些重要领域继续深化改革。一是探索公有制多种实现形式。鼓励发展混合所有制经济，实现各种所有制资本取长补短、相互促进、共同发展。二是推进国有经济布局优化和结构调整。服务国家战略目标，推动国有经济向关系国家安全、国民经济命脉的重要行业集中，向前瞻性战略性新兴产业、公共服务、应急能力建设和公益性等重要行业和关键领域集中，做强做优做大国有资本。三是深化国有企业改革,加快完善国有企业法人治理结构和市场化经营机制,健全完善经理层任期制和契约化管理,推进骨干员工持股制度,激发国有企业发展活力和内生动力。四是形成以管资本为主的国有资产监管体制,有效发挥国有资本投资、运营公司功能作用,进一步强化国有企业市场主体地位。

第二,毫不动摇鼓励、支持、引导非公有制经济发展。非公有制经济是我国经济制度的重要组成要素,从法律制度、政策措施和具体工作等方面,形成非公有制经济良性发展的环境。非公有制经济中的民营经济是我国经济制度的内生要素。谱写中国式现代化新篇章,离不开民营经济的发展壮大。

习近平总书记指出:"民营经济是我国经济制度的内在要素,民营企业和民营企业家是我们自己人。"[1]这为广大民营企业家吃下了"定心丸"。要为非公有制经济特别是民营经济发展营造更好环境。一是健全支持民营经济、外商投资企业发展的法治环境,坚持科学立法、严格执法、公正司法,实现各种所有制经济权利平等、机会平等、规则平等。严禁滥用权力随便没收私人财产或收归国有,严禁违法查封、扣押、冻结民营企业财产,继续甄别纠正侵害企业产权的错案冤案。二是完善构建亲清政商关系的政策体系。各级领导干部要主动为民营企业解难题、办实事,推动领导干部同民营企业家建立形成既坦荡真诚、真心实意靠前服务,又清白纯洁、守住底线的良好关系,积极调动民营企业积极性、改善市场预期、坚定市场信心。促进

---

[1]《毫不动摇鼓励支持引导非公有制经济发展 支持民营企业发展并走向更加广阔舞台》,《人民日报》2018年11月2日。

非公有制经济健康发展和非公有制经济人士健康成长。三是营造各种所有制主体依法平等使用资源要素、公开公平公正参与竞争、同等受到法律保护的市场环境。尽快明确民间投资的"红绿灯",设置民间投资"红灯",即负面清单,依法加强对民间资本准入的监管。要继续深化知识产权保护、健全完善金融体系、平等放开市场准入等方面的改革,推动政策落准、落细、落实。

第三,把握"两个毫不动摇"的辩证统一。坚持和完善社会主义基本经济制度,必须毫不动摇巩固和发展公有制经济,必须毫不动摇鼓励、支持、引导非公有制经济发展。正如习近平总书记所指出的:"我们党在坚持基本经济制度上的观点是明确的、一贯的,而且是不断深化的,从来没有动摇。"[1] 深刻领会"两个毫不动摇"的重大意义,对于消除当前社会上一些关于我国是否继续发展社会主义市场经济、是否坚持"两个毫不动摇"的种种疑惑,提振社会活力、增强中国经济发展信心,具有重要意义。

坚持"两个毫不动摇"是坚持和完善社会主义基本经济制度的内在要求。公有制经济是中国特色社会主义的重要物质基础,是巩固党的执政地位、坚持我国社会主义制度的重要支柱和依靠力量;非公有制经济是国家税收的重要来源,是技术创新的重要主体,是经济持续健康发展的重要力量,在稳增长、增就业、创外汇等方面发挥着重要作用。落实"两个毫不动摇",是调整优化国有企业结构布局,扭转民营企业面临的要素成本增加、生产经营困难、创新动力不足等现实困境的内在需要,是充分发挥社会主义经济制度优越性的紧迫要求。

---

[1]《习近平谈治国理政》第二卷,外文出版社 2017 年版,第 259 页。

近年来，江苏省连云港市赣榆区多措并举，为民营企业量身定做"政策包""服务包"，协调解决企业在用工、资金、物流等方面的实际困难，推动民营经济有序健康发展。图为该市墩尚镇民营企业工人在车间劳作的场景

中新图片 / 司伟

坚持"两个毫不动摇"是实现经济高质量发展的必然选择。随着我国经济由高速增长阶段转向高质量发展阶段，建设现代化经济体系成为跨越关口的迫切要求。而建设现代化经济体系离不开产权制度和企业组织的有力支撑。只有坚持"两个毫不动摇"，既发挥好国有企业所特有的资金实力雄厚、技术力量强的优势，又发挥好民营企业所具有的体制机制灵活、市场敏锐度高的特征，有效激发实体经济两种微观主体的积极性，才能更好地建设现代化经济体系，实现国引民进、共同发展。

坚持"两个毫不动摇"是主动适应社会主要矛盾变化的必要前提。随着我国社会主要矛盾发生变化，人民美好生活需要已经涵盖物质需求、精神生活、民生保障、生态环境等各个方面。落实"两个毫不动摇"，有利于发挥公有制经济保障和改善民生、促进公平正义和实现共同富裕的作用，有利于释放非公有制经济在满足人民群众多样化需求方面的优势，在高质量发展中实现共同富裕的目标。

坚持"两个毫不动摇"是推进高水平对外开放的必由之路。面对世界经济增长动能不足和保护主义升温，积极推动"一带一路"建设成为推进高水平对外开放的必由之路。国有企业是推动"一带一路"建设的主力军，民营企业是"一带一路"建设的重要力量。只有坚持"两个毫不动摇"，既充分发挥国有企业在沿线国家基础设施建设和资源开发中的主力军作用，又充分民营企业在工程服务、装备供给、市场开拓等方面积极作为的优势，共同打造政策沟通、设施联通、贸易畅通、资金融通、民心相通的互利合作平台，才能为构建人类命运共同体作出应有的贡献。

第七章

加快建设现代化产业体系

建设现代化产业体系，是我们党站在全面建设社会主义现代化国家的高度作出的重大战略部署。党的二十大报告提出"建设现代化产业体系"，并把其作为我国加快构建新发展格局，着力推动高质量发展的5个重要着力点之一。2022年底召开的中央经济工作会议把"加快建设现代化产业体系"作为未来一个时期工作的重点任务。全面贯彻落实党的二十大精神和2022年底召开的中央经济工作会议相关部署，必须扎实推进现代化产业体系建设，为全面建成社会主义现代化强国奠定坚实的物质技术基础。

一、坚持把发展经济的着力点放在实体经济上

实体经济是现代化产业体系的重要根基，建设现代化产业体系必须发展壮大实体经济。党的二十大报告指出，"坚持把发展经济的着力点放在实体经济上"，进一步凸显了实体经济在推进高质量发展中的重要地位，也体现出党中央保持经济稳中求进的坚定信心和应对复杂严峻经济形势的战略定力。

第一，实体经济是一国经济的立身之本、财富之源。习近平总书

记指出:"实体经济是一国经济的立身之本,是财富创造的根本源泉,是国家强盛的重要支柱。"[1]一国经济的持续健康稳定及其在国际竞争中的主动权,始终要靠坚实发达的实体经济。

国家强大要靠实体经济。马克思主义认为,物质生活的生产方式制约着整个社会生活、政治生活和精神生活的过程。实体经济能够满足人类生存和发展需要的物质资料,并以此为目的,直接体现了社会生产力的需要。发展壮大实体经济,不仅能够解放和发展生产力,而且能够更好满足人们的物质及精神生活需要。当前,与建设现代化产业体系的目标和要求相比,我国实体经济发展还存在一些现实问题,比如,中国制造与发达国家相比还有一定差距,实体经济供给结构难以满足高品质、多层次、多样化的消费需求结构的变化等。要解决这些问题,必须着力发展壮大实体经济,夯实经济高质量发展的根基。

提高国际经济竞争力要靠实体经济。实体经济是国家综合实力及国际经济竞争力的直接体现。着力振兴实体经济,促进国家经济质量提升,是提高我国经济国际竞争力的内在要求。正如习近平总书记所指出的:"不论经济发展到什么时候,实体经济都是我国经济发展、我们在国际经济竞争中赢得主动的根基。"[2]当前,我国经济发展面临复杂多变的国际形势和残酷激烈的市场竞争,既有来自部分发达国家实施"再工业化"战略推动制造业回流带来的挤压冲击,也有来自一些新兴经济体依托低成本优势吸引国际产业转移带来的追赶压力。我

---

[1] 习近平:《论把握新发展阶段、贯彻新发展理念、构建新发展格局》,中央文献出版社2021年版,第239页。

[2] 同上书,第142—143页。

国经济发展正处于机遇和挑战并存、未知因素增多的历史时期，要提高我国经济的国际竞争力，必须着力发展实体经济。只有实体经济发展充分，我国经济才能保持韧性，确保我国经济能够在各类风险挑战来临时将其巧妙化解，在风云变幻的国际经济发展浪潮中站稳脚跟，牢牢掌握发展的主动权。

任何时候经济发展都不能脱实向虚。实体经济的发展水平既体现经济发展的实力，也反映国家经济抵御风险的能力。脱实向虚是当前经济发展面临的一个重大挑战。比如，2008年国际金融危机爆发后，德国在欧盟各国中率先走出衰退，而另外一些西方国家却出现了产业空心化、失业率高等严重问题。其原因在于美欧等西方国家经济长期"去工业化""脱实向虚"，导致供需严重失衡等问题发生。而就在2008年国际金融危机发生后，西方国家纷纷推行"再工业化"战略，在振兴实体经济上下功夫。习近平总书记强调："要吸取一些西方国家经济'脱实向虚'的教训，不断壮大实体经济。"[1]以史为鉴，我们要高度重视发展壮大实体经济，确保任何时候经济发展都不能脱实向虚。

第二，坚持把做实做强做优实体经济作为主攻方向。实体经济是国民经济的关键组成部分，是各类生产要素有效发挥作用的重要载体。实体经济的发展不仅关系到经济的循环畅通，也关系到经济的综合实力、创新力、竞争力等。党的十八大以来，以习近平同志为核心的党中央多次强调实体经济的重要性，坚持把做实做强做优实体经济作为主攻方向。

---

[1]《习近平谈治国理政》第四卷，外文出版社2022年版，第210页。

实体经济的繁荣是经济社会持续发展的发动机。图为 2022 年 12 月 31 日山东省青州市一家汽车制造企业的工人在生产线上装配生产

中新图片 / 王继林

推动制造业高质量发展，把实体经济做实。制造业在实体经济中处于基础性地位，着力发展实体经济必须高度重视制造业。比如，新冠疫情暴发后，在全球抗疫物资紧缺的情况下，材料企业生产消毒液、汽车企业生产口罩等，各类企业纷纷转入生产抗疫物资的行列，为抗击疫情发挥了关键作用，中国制造业在抗疫中的卓越表现再次印证了中国制造业的韧性和抗风险能力。推动制造业高质量发展是把实体经济做实、推动中国制造走向世界的关键一招。大力发展制造业，应积极采用大数据、云计算等技术，让传统制造业插上数字技术的翅膀，在与信息化网络化接轨中获得更高质量发展。

对外开放和扩大内需有机结合，把实体经济做强。《扩大内需战略规划纲要（2022—2035年）》指出，我国国内生产总值超过110万亿元，已成为全球第二大商品消费市场，带动进口规模持续扩大、结构不断优化。随着国际经贸合作的扎实推进，对外开放不断走深走实，我国市场与全球市场的联系更为紧密。要把实体经济做强，必须把对外开放和扩大内需结合起来。既要开展更高水平对外开放，不断开拓国际市场，确保经贸活动的顺利开展，保持产业链供应链的稳定；又要立足中国超大规模市场优势，提升未来消费、投资发展潜力，破除制约内需增长的体制机制障碍，不断提高要素配置和产品流通效率，充分释放内需潜在势能。

依靠创新发展提质增效，把实体经济做优。创新是引领发展的第一动力。实践反复证明，关键核心技术是买不来、要不来、讨不来的。发展壮大实体经济，关键在创新。只有不断创新，拥有自身的核心竞争力和不可替代性，才能更好促进实体经济的发展，在激烈竞争中占有一席之地。当前，实体经济发展的核心动力已经由资源、要素、投资等转变为科技创新，依靠创新发展实体经济是必然选择。创新不仅能够增强实体经济的科技含量、提升技术水平，而且能够释放推动实体经济加快发展的巨大能量。要依靠创新发展打通产业链、供应链、价值链等全过程，调整优化产业机构，提升实体经济发展动力和活力。创新驱动实体经济高质量发展，关键在人才。要加强创新人才培养，着力打造高技术创新人才，确保为实体经济发展提供坚强人才支撑。

第三，振兴实体经济要处理好实体经济和虚拟经济的关系。实体经济是一国经济的根本，任何国家经济发展都无法脱离实体经济；虚拟经济是经济体系的重要组成部分，是经济发展到一定阶段的必然结果。随着实体经济与虚拟经济的联系更为紧密，振兴实体经济更要处理好实体经济和虚拟经济的关系，在两者的融合中共同推动经济发展。

实体经济和虚拟经济是对立统一的。近年来，由于虚拟经济回收快、回报率高等特点，导致大量资本流向虚拟领域，给实体经济造成了负面影响。比如，在房地产行业，资本大量涌入房地产市场，进而抬高了实体经济的生产成本，挤压了实体经济的发展空间。要清醒认识到，实体经济与虚拟经济并不是完全对立的，而是相互影响、相互作用的。我们强调发展实体经济，并不是为了否定和打压虚拟经济，而是为了确保在实体经济基础地位稳定牢固的基础上，发展虚拟经济，防止虚拟经济过度扩张带来一系列严重后果。在新形势下，实体经济和虚拟经济的协调发展，要求金融等虚拟经济发展能够以实体经济为出发点和落脚点，促使金融等虚拟经济发展更好地为实体经济发展服务。

增强金融服务实体经济能力。金融的产生、发展等都与实体经济有关，具有服务和依靠实体经济发展的重要特点。习近平总书记指出："金融要为实体经济服务，满足经济社会发展和人民群众需要。"[1]金融所具备的优化资源配置，提供信息，分散、转移、管理风险等多种功能，对经济活动具有调节作用。金融可以构建有效的金融体系，帮助降低交易成本和规避重大风险，提升了实体经济发展的投融资效率，也促进了实体经济的发展。实践证明，金融只有坚持为实体经济服务，才能激发重大潜能，确保与实体经济共同促进经济的健康发展。

强化防止虚拟经济过度投机的制度约束。虚拟经济过度膨胀，容易导致虚拟经济的货币量大幅度增加，实体经济货币量减少，随之而来的是经济泡沫化、金融过度同业化发展、过度衍生化和复杂化等问题，甚至导致经济和金融危机等。为防止虚拟经济过度膨胀带来的严重问题，必须建立相关政策制度予以约束，加强金融法规和监管体系建设，用制度严格规范金融市场行为。一旦出现虚拟经济投机操控的行为，坚决予以严厉打击。比如，对于房地产市场的泡沫化问题，可以建立关于房地产市场的长效监管机制，促使房地产市场回归满足人民居住的原始需求，进一步遏制投机性购房问题的产生等。

二、推动制造业高端化、智能化、绿色化发展

制造业高质量发展是我国经济高质量发展的重中之重，也是经济

---

[1] 习近平：《论把握新发展阶段、贯彻新发展理念、构建新发展格局》，中央文献出版社2021年版，第308页。

高质量发展的重要内容。党的二十大报告明确提出,"加快建设制造强国","推动制造业高端化、智能化、绿色化发展"。推动制造业高端化、智能化、绿色化发展是制造业高质量发展的重要标志,指引着制造业未来的发展方向。

第一,制造业是实体经济的主体,制造业的高质量发展是经济高质量发展的重要内容。因此,必须把制造业高质量发展摆到经济发展极端重要的位置。

发展实体经济的重点难点都在制造业。习近平总书记指出:"制造业是我国经济命脉所系,是立国之本、强国之基。"[1] 制造业是实体经济的重要组成部分,抓实体经济一定要抓好制造业。发展实体经济,重点在制造业,难点也在制造业。2023年1月11日召开的全国工业和信息化工作会议指出,2022年,工业经济总体回稳向好。预计全年,规模以上工业增加值同比增长3.6%,其中制造业增加值增长3.1%左右;制造业增加值占GDP比重为28%,比2021年提高5%。[2] 制造业是国民经济各部门中生产效率最高、提升最快的部门。要提升经济发展的整体效益,必须有先进的制造业作支撑。制造业为农业、服务业等提供原料、设备等,其发展关系着现代农业、现代服务业的发展水平。通常来说,经济发展质量高的国家和地区,制造业发展水平一般也较高;经济发展质量低的国家和地区,制造业发展水平一般也较低。如今,我国制造业规模已经连续多年保持世界第一,在国际经济中发挥着越来越重要的作用。但是,我国制造业发展还存

---

[1] 习近平:《新发展阶段贯彻新发展理念必然要求构建新发展格局》,《求是》2022年第17期。
[2] 参见《全国工业和信息化工作会议在京召开》,工业和信息化部网站2023年1月11日。

在着大而不强、全而不优等问题。要进一步解决这些问题，必须大力发展制造业，增强中国制造业的独特优势，持续推动制造业的高质量发展。

国际产业竞争博弈的焦点在制造业。制造业包括人才、技术等产业资源元素，是国家综合实力和国际经济竞争力的重要体现。近年来，高铁、新能源汽车等中国制造纷纷走出国门，成为一张张新名片，把中国制造的硬核实力展现在世界面前，令世界瞩目。事实证明，制造业强，国家经济发展就能健康运行，国家经济在国际经济体系中就有很大的话语权；制造业弱，关键技术就可能被"卡脖子"，甚至可能会威胁到经济的平稳运行。面对发达国家围堵和发展中国家追赶的双重压力，中国制造业要想在国际上保持竞争力，必须加快建设制造强国，大力推动中国创造走出国门，以高水平对外开放打造国际竞争新优势。

经济深层次结构性矛盾集中出现在制造业。我国经济发展面临诸多矛盾挑战，而这从根本上来说是结构失衡，主要集中表现在供给侧。因此，经济发展的着力点要放在供给侧改革上。制造业是供给侧改革的主要战场，也是各类资源要素最为集中的重点领域。作为全世界工业门类最齐全的国家，中国诞生了一批万亿级工业强市。但要看到我国制造业占 GDP 的比重出现了过早过快下降的趋势，从 2006 年的 32.5% 下降到 2020 年 26.3%；尽管 2022 年回升到 28%，但仍然要对制造业予以重视。[1] 制造业内部存在结构性失衡、部分行业产能过剩，大量核心技术、高端产品依赖进口，经常受到出口国限制甚至断

---

[1] 参见《重提"工业立市" 助推制造强国建设》，《证券时报》2023 年 1 月 13 日。

供的威胁等问题；金融和实体经济的失衡，出现资金脱实向虚的现象；房地产与实体经济的失衡，导致大量资金流入房地产行业，并抬高了制造业发展的成本。应对这些矛盾挑战，都要在供给侧上下功夫，提高制造业供给体系质量，推动制造业产业链、供应链的畅通。

第二，制造业正从中国制造向中国创造迈进。国家统计局、工业和信息化部的数据显示，2012年至2021年，我国制造业增加值从16.98万亿元增长到31.4万亿元。高技术制造业、装备制造业占规模以上工业增加值的比重分别从2012年的9.4%、28%提高到2021年的15.1%、32.4%。截至2021年底，我国制造业增加值已经连续12年位居世界第一。中国制造正向中国创造大步迈进。[1]

制造业综合实力迈上新台阶。近年来，每当国际市场上的产品出现短缺时，中国制造总能及时补充。2020年，随着新冠疫情的全球蔓延，欧美等国家居民的囤货意愿强烈，中国制造的冰箱一度成为抢手货，当年我国累计出口冰箱数量同比增长35.6%。2021年，随着国外消费者对绿色出行的需求不断上升，中国出产的自行车销往众多国家，全年出口额超过50亿美元，同比增长超过40%。2022年，因天然气供给受限，欧洲能源危机持续不断，国产电热毯、电暖器等取暖设备颇受国际市场青睐。中国家用电器协会的报告显示，仅在2022年7月，欧盟27国进口我国电热毯就高达129万条，环比增长近150%。[2]这既反映出外国消费者对中国产品的信任，也彰显了中国制

---

[1] 参见《十年磨砺 中国制造向中国创造大步迈进》，《中国经济时报》2022年5月31日。
[2] 参见《中国取暖"神器"火爆海外 "暖经济"背后凸显中国外贸韧性十足》，国际在线2023年1月12日。

造的综合实力迈上新台阶。

重点领域创新取得新突破。"蛟龙"入海、"嫦娥"探月、"神舟"飞天、"祝融"探火、"羲和"逐日、"天和"遨游星辰、"北斗"组网;"复兴号"动车组跑遍神州大地,全球首架国产大飞机C919正式交付,国产10万吨级智慧渔业养殖工船"国信1号"成功交付,腹腔镜手术机器人等高端医疗装备填补国内空白,国产雪车等冰雪装备实现"零"的突破……大国重器的诞生和投入应用、重大技术装备的全新突破,前沿领域的引领发展等都彰显了中国制造与日俱增的硬核实力,也展现出中国制造在全球产业链供应链中的影响力在持续上升。

产业结构优化迈出新步伐。2021年4月,习近平总书记在广西考察时强调:"建设社会主义现代化强国、发展壮大实体经济,都离不开制造业,要在推动产业优化升级上继续下功夫。"[1]我国高技术制造业、装备制造业增速大大快于制造业平均增速,对规模以上工业增长的贡献率分别从2015年的11.8%、31.8%上升到2021年的28.6%、45%。制造业数字化、网络化、智能化转型深入推进,截至2022年底,全国工业企业关键工序数控化率、数字化研发设计工具普及率分别达58.6%和77.0%。[2]节能降耗减排成效明显,"十三五"期间,全国规模以上工业企业单位工业增加值能耗累计下降16%,2021年同比再下降5.6%。[3]实践证明,随着中国制造的发展,产业结构优化也

---

[1]《解放思想深化改革凝心聚力担当实干　建设新时代中国特色社会主义壮美广西》,《人民日报》2021年4月28日。

[2] 参见《第三届两化融合暨数字化转型大会在苏州召开》,工业和信息化部网站2023年3月28日。

[3] 参见《制造业正从中国制造向中国创造迈进》,《人民日报》2022年3月21日。

北京展览馆展出的北斗卫星导航系统模型

中新图片 / 陈晓根

迈出了新步伐。

第三，推动制造业高端化、智能化、绿色化发展。加快推进制造业高质量发展、推动中国制造向中国创造、"中国智造"转变等都要求制造业必须转向高端化、智能化、绿色化发展。2023年1月11日召开的全国工业和信息化工作会议指出，2023年将推动制造业高端化智能化绿色化发展，为全面建设社会主义现代化国家开好局起好步提供有力支撑。

推动制造业高端化跃进。区别于传统制造业，高端制造业的优势在于科技实力。高端制造业是一个国家或地区工业化进程进入高级阶段的必然产物，是一个国家综合竞争力的重要标志，决定了国家经济发展的质量水平。中国制造逐渐摆脱了低端化的标签迈向高端化。国家统计局公布的数据显示，2022年制造业增加值同比增长3.0%，高技术制造业增加值同比增长7.4%。在经济转型发展的过程中，我们不仅重视中国制造，也更加重视"中国智造"，并且有越来越多的中国制造正逐步向"中国智造"转化。中国高铁、载人航天、北斗导航等科技成果成为国家新名片，向全世界展示了中国制造业高端化的硬核实力。要瞄准具有较高附加值和技术含量的高端产业，增加科技研发投资，加快高端制造业产业升级，扎实推进制造强国建设，为我国制造业迈向高端化提供强大支撑。

推动制造业智能化升级。数字技术的发展正深刻改变着制造业的发展模式。加快数字经济在制造业的应用推广，推动制造业向智能化升级转型，是再造中国制造新优势的必然趋势和内在要求。近年来，随着人工智能、云计算、5G等领域的重大发展，配送服务机器人、智能医用服务机器人等给老百姓的生活带来了很多便利。因此，要以智能技术为牵引,促进制造业智能化发展。未来一段时期,制造业发展更应超前布局新兴领域,积极发挥智能技术的带领作用,培育出一定数量的人工智能领域的领军企业,推动整个制造业向智能化转型发展。企业是市场经济的主体。推动制造业智能化,要着力培育一批标杆性的智能制造企业,助力企业智能化转型发展。

推动制造业绿色化转型。制造业发展不能以牺牲生态环境为代价,着力推动经济迸发绿色新技能,是制造业进一步发展的必然要求。当前,我国制造业与绿色产业相互促进,绿色制造业发展正逐步向纵深发展,绿色产业正逐步成为工业经济高质量发展的重要推动力。《新时代的中国绿色发展》白皮书指出,截至2021年底,累计建成绿色工厂2783家、绿色工业园区223家、绿色供应链管理企业296家,制造业绿色化水平显著提升。要深入贯彻习近平生态文明思想,以制造业绿色化发展为重点,建设绿色产业体系、研发体系、制造体系等,深入贯彻绿色制造理念,并一以贯之地落实下去,确保推动制造业绿色低碳发展的大方向不改变,切实为制造业绿色发展提供坚实支撑。

三、提升战略性资源供应保障能力

战略性资源在资源系统中处于支配地位,是关系国计民生的重大问题。矿产、石油、水、土地、食物资源等是最典型的战略性资源。党的二十大报告指出:"巩固优势产业领先地位,在关系安全发展的领域加快补齐短板,提升战略性资源供应保障能力。"这一重要论述为提升战略性资源供应保障能力提供了基本遵循。

第一,加强重要能源、矿产资源国内勘探开发和增储上产。2022

年底召开的中央经济工作会议提出,要加强重要能源、矿产资源国内勘探开发和增储上产。矿产资源是现代工业的血液。我国一些重要矿产资源对外依存度高,国际形势一旦出现变化,就会影响经济安全甚至国家安全。因此,我们必须未雨绸缪,时刻做好特殊情况下的国内资源安全保障。

全面启动新一轮战略性国内找矿行动。2011年,我国启动10年找矿突破战略行动,其间发现了17个亿吨级大油田和21个千亿立方米级大气田,新形成了32处非油气矿产资源基地等,主要矿产资源储量在开采消耗不断加大的情况下,保有资源量仍然实现了普遍增长。[1] 2023年1月11日召开的全国自然资源工作会议提出,要围绕加强重要能源矿产资源国内勘探开发和增储上产,全面启动新一轮战略性矿产国内找矿行动。要坚持中央、地方、企业一盘棋,突出我国紧缺和大宗战略性矿产,以重要含油气盆地和重点成矿区带为重点,根据地质工作程度区分基础调查区、重点调查区、重点勘查区和重要矿山深部4种类型区域,分类施策实施勘查找矿,推动增储上产。

完善社会资本投入勘查找矿的激励政策。自然资源部中国地质调查局是地质找矿的主力军,但仅仅发挥它们的作用是远远不够的。矿产资源勘探必须将中央、地方、企业联动起来,坚持中央、地方、企业一盘棋,明确各方职责,统筹推进勘探找矿工作。自然资源部要与有关部门共同研究完善支持勘探找矿的激励政策,发挥中央和地方财政的引领作用,尽快出台新的矿业权出让收益征收管理办法以及配套

---

[1] 参见《十年找矿突破战略行动成果丰硕 主要矿产保有资源量普遍增长》,《人民日报》2021年3月17日。

政策等，充分调动市场主体参与勘探找矿的积极性主动性。研究出台鼓励地勘单位提供勘查区块的奖励机制等，激励矿山企业加大现有矿业权的勘探开发力度，优先保障战略性矿产探矿权转采矿权的用地需求。

集中优势力量开展技术攻关。找矿行动涉及很多专业领域知识，包括地质科学理论、勘探技术理论等，应加快推进科技专项研究，为找矿突破提供技术支撑。自然资源部要瞄准找矿突破的重大科学问题和技术难题，集中优势力量展开技术攻关，着力解决在勘探找矿过程中出现的疑难问题，为找矿突破行动出谋划策。加强基础地质研究，创新成矿（藏）规律和找矿预测理论等，加快进行矿体精准定位、勘查区找矿预测和潜力评价等关键核心技术研发等，加强自主装备创新，开展重点勘查区和重点矿山示范，加快形成众多勘查示范基地，为提升地质找矿能力服务。

第二，加快规划建设新型能源体系。能源领域是降污减排的主战场，为了积极稳妥地推进碳达峰碳中和，必须加大新能源发展力度。党的二十大报告指出，加快规划建设新型能源体系。这是新时代我国能源产业转型升级的重要指南，擘画了我国能源体系发展的新蓝图。

主动应对挑战，把准能源发展方向。当前，我国改革发展面对的国内国际环境发生深刻变化，地缘政治风险加剧，为我们敲响了能源安全的警钟。中国作为世界第一大工业国，能源需求大、油气对外依存度高，这给我国能源安全带来了巨大挑战。与此同时，我国虽然已经建成世界上规模最大的能源系统，能源供应整体较为平衡，但在特殊时段局部供应偏紧的问题依然存在。比如，2021年夏秋之交，东北区域实施有序用电；2022年7月，由于极端天气影响，长江流域电力供需矛盾加剧,引发社会广泛关注。要应对能源发展面临的现实问题,必须贯彻以习近平同志为核心的党中央提出的"四个革命、一个合作"能源安全新战略,坚持新发展理念,加快建设低碳、安全高效的新型能源体系,确保我国能源的饭碗始终牢牢地端在自己手中。

坚持先立后破,守住能源安全底线。在俄乌冲突、新冠疫情、气候变化等多重因素影响下,全球能源价格波动较大,这对守住能源安全底线提出新挑战。2021年中国煤价上涨,2022年全球能源价格暴涨。除了受到疫情、产业链受损等因素的影响之外,我国走了"先破后立"的路子也是一个重要原因。煤炭是中国能源的压舱石,现阶段以煤为主是我国能源发展的基本国情。我国工业化、城市化进程还没有结束,能源消费仍然会持续增加,一味强调控能将会制约经济社会的发展。面对能源转型任务及能源安全挑战,我们要立足我国能源发展的国情,坚持"先立后破"有序推进,坚决守住能源安全底线,提高能源独立性。只有把新的能源和产业"立"起来,调整能源结构和产业结构才有"破"的基础,才能实现积极稳妥推进碳达峰碳中和的目标。与此同时,也要尽最大可能用非化石能源供给来保障能源供给和发电增量,逐步实现低碳化发展。

立足能源资源禀赋,推动能源绿色低碳发展。在新发展理念的指导下,中国加大清洁能源的发展力度,不断增强产业优势,实现了清洁能源的快速发展。根据国家统计局公布的数据,2022年中国清洁能源(包括非化石能源和天然气)消费量占能源消费总量的25.9%,同比提高0.4个百分点。比如,长三角地区三省一市(江苏省、浙江省、安徽省、上海市)根据各自的资源禀赋和产业基础,面向能源转型的巨大市场需求,打造技术产业相互融合的新能源产业生态。长三角大型电力装备占全国总产量的 1/3，太阳能电池产量占全国的一半，海上风机产量占全国的 60%。[1] 各地应结合实际情况，积极探索核能、地热能等新能源，作为煤炭、天然气等常规能源的补充或替代。尤其是清洁能源富集的省份要构建多元化能源供给体系，强化多种能源之间的协同互补作用，从而有效解决因单一能源供给结构影响地区能源资源供应的安全稳定问题。

第三，提升国家战略物资储备保障能力。与一般的物资储备不同，战略物资储备与国家安全紧密相关。平时，战略物资储备可以调剂物资储量余缺，调节物价剧烈波动，而在特殊情况下，比如，遇到流行疾病、自然灾害、战争、恐怖袭击等发生时，战略物资储备可以缓解危机的巨大冲击力，保障国民经济的正常进行和社会生活的持续稳定。为有效防范和应对各类风险挑战，必须着力提升国家战略物资储备保障能力。

树立"大储备"观念。国家储备的着眼点是应对事关国家安全的重大事件，具有蓄水池和稳定器的重要作用。作为一个大国，我国必须具备与大国地位相符的国家储备雄厚实力和应急能力。尤其是在国家发展环境错综复杂，各类突发事件频发的情况下，提升国家战略物资储备保障能力，更要摒弃传统思维，树立"大储备"观念。构建"国家大储备体系"是一个涉及多个部门、多个领域、多个环节的复杂体系，关系到维护国家安全、保持社会稳定的重大问题。要遵循优化协同高效原则，强化部分协同与政策统筹，发挥规划引领、项目支撑、数字赋能、创新驱动作用。要坚持全国一盘棋，坚持系统观念，

---

[1] 参见《能源"清洁化"，长三角勇探"绿色之路"》，《新华日报》2020 年 12 月 31 日。

近年来，山东省荣成市依托沿海丰富的风能资源，建设多处大型风电场，大力推广风电产业等"绿色能源"，积极推进沿海风力发电。图为该市北环海路旁一排排风力发电机与沿海防护林形成一道亮丽的风景线

中新图片 / 杨志礼

激发国家储备和地方储备的强大优势，将中央和地方储备联动起来，建立健全区域内储备合作机制，加强储备跨区域协同保障。同时，要坚持市场化的改革方向，创新政府储备管理模式，健全常态化轮流机制，并注重发挥政策引领的重要作用，科学统筹国家物资储备布局，实现国家战略物资储备一体筹划、一体推进。

建立储备资金保障体系。提升国家战略物资储备保障能力，必须有充足的资金作保障。要确保政府财政拨款，每年可从国家财政收入中提取一部分作为储备资金，并且在建立战略物资储备法律上有所体现，从立法层面体现对国家战略物资储备的重视程度。与此同时，还要鼓励社会资金投入，政府可制定相关优惠政策，充分鼓励企业和公民加大对于战略物资储备的投资力度。比如，对企业商业物资储备给予减免税政策扶持、租用企业仓库储备战略物资，参照市场价格支付相关费用等。中国作为世界第一大外汇储备国，如果能够以一定比例的外汇储备用于战略物资储备，将国家战略物资储备与外汇储备、黄金储备等进行统筹考虑，不仅可以达到外汇储备运用多元化的目的，也能提高国家战略物资储备实力，进而确保能够在紧急状态下保障国家安全。

提升动态管理水平。要实现对突发事件的迅速反应，除了国家战略物资的收储、发运、质量管理等至关重要外，应对复杂情况的动态管理水平同样不可忽视。战略物资保障能力的高低往往能够体现出一个国家应对突发事件的能力水平。比如，新冠疫情暴发初期，防护服、医用口罩、酒精等防疫物资出现不足的情况，就说明了由于突发事件在时间上的突然性、影响上的深刻性等特征，提升应对复杂形势的动态管理水平的极端重要性。大数据、云计算等技术为提升动态管理水平提供了信息技术支持，要结合我国战略物资储备的发展现状，充分运用大数据等技术，构建科学高效的国家战略物资储备信息管理系统，在大数据等技术支撑下，更加精准高效地管理突发情况下的战略性物资储备保障，助力提升国家战略物资储备保障能力。

四、推动新兴产业融合集群发展

党的二十大报告指出："推动战略性新兴产业融合集群发展，构建新一代信息技术、人工智能、生物技术、新能源、新材料、高端装备、绿色环保等一批新的增长引擎。"《扩大内需战略规划纲要（2022—2035年）》指出，壮大战略性新兴产业。推动新兴产业融合集群发展,对于推动高质量发展具有重要意义。

第一,战略性新兴产业是推动产业转型升级的关键力量。战略性新兴产业代表着新一轮科技革命和产业变革的方向,是推动产业转型升级的关键力量。近年来,我国战略性新兴产业发展迅速,涌现出了一大批战略性新兴产业集群,对经济发展起到了引领作用。要继续把培育战略性新兴产业作为重点任务,通过培育壮大一大批战略性新兴产业,抢占国际产业竞争的制高点。

战略性新兴产业能够推动产业结构升级。产业结构升级是按照产业结构演变规律及产业发展的具体要求,采取一定的方式,提高产业结构层次和产业发展水平,以保障国民经济长期持续增长的一种经济活动。产业结构升级的方式主要有产品技术的换代升级、产业链的延伸发展、新兴技术形成的新兴产业等。由于战略性新兴产业掌握了关键核心技术,并且主要依托先进科学技术,因此,其发展能够促进产业结构升级。我国制造业增加值2010年首次超过美国后,连续多年稳居世界第一,但在核心零部件和关键技术领域仍然存在"卡脖子"难题。战略性新兴产业融合集群发展,对于充分释放产业集群的科技外溢效应和集聚效应,实现效益最大化和产业结构优化升级等都具有重要意义。

战略性新兴产业能够提升科技创新水平。战略性新兴产业是以重大科技成果突破以及重大发展需求为基础、对经济社会发展全局起到带动作用的产业。科技创新是促进新兴产业创新发展的重要动力,对于推动经济转型升级、引领经济社会发展具有重要作用。当前,我国战略性新兴产业发展取得的成绩显著,但仍然面临很多问题,其中自主创新能力不足、创新生态尚未完全形成等问题尤其突出。战略性新兴产业集群化是能够有效解决创新总量不足、水平总体不高、区域发展不平衡等问题的重要方式。战略性新兴产业融合集群发展，通过深度融合"抱团取暖"，弥补技术水平、资本规模方面的差距，破解部分行业"大而不强"难题。与此同时，战略性新兴产业融合发展还可以借助集群方式嵌入全球价值链，增强产业链竞争力，提升我国在国际分工中的地位。

战略性新兴产业能够培育壮大新的增长点。战略性新兴产业是培育发展新动能、赢得未来竞争新优势的关键领域。扩大战略性新兴产业投资，对于加快推进战略性新兴产业发展，形成新的增长点具有重要推动作用。从规模来看，2021年我国战略性新兴产业增加值占GDP比重达13.4%，比2014年提高5.81个百分点；从增速来看，2016年以来，我国战略性新兴产业增加值增速一直高于全部工业增加值增速，多个领域均保持增长状态。实践证明，战略性新兴产业已经成为推动产业结构升级、经济高质量发展的重要动力源。大力发展战略性新兴产业，对于完善现代化产业体系发展形态，激发新兴产业主体活力，培育壮大新的经济增长引擎具有重要意义。2023年1月17日，国新办就2022年中央企业经济运行情况举行发布会时，国务院国资委有关负责人介绍，要聚焦高端装备、新一代信息技术、新材料等领域，大力发展前瞻性战略性新兴产业，形成一批产业链强链补链重点项目，增强投资增长后劲，加快形成新的经济增长点。[1]

第二，促进传统产业和新兴产业协同发展。2022年底召开的中央经济工作会议提出，"狠抓传统产业改造升级和战略性新兴产业培育壮大"。促进传统产业和新兴产业协同发展，具有帮助实施扩大内

---

[1] 参见《央企加码扩投资 1400项重大项目建设提速》，《经济参考报》2023年1月18日。

需战略、稳定和促进就业、推进高质量发展等重要功能。

要促进传统产业转型升级。2022年底召开的中央经济工作会议提出，"提升传统产业在全球产业分工中的地位和竞争力"。传统产业是工业经济的主体，是建设现代化产业体系的重要基础。新兴产业是推动产业转型升级的重要力量。实现传统产业和新兴产业协同发展，首先要促进传统产业转型升级。比如，山西太钢不锈钢精密带钢有限公司不断攻克技术难题，成为目前全球唯一一家可以批量生产"手撕钢"的企业。目前"手撕钢"广泛用于航空航天、精密仪器、医疗器械等高精尖端设备制造行业。这一案例表明，传统产业转型升级对于高质量发展具有重要推动作用。要持续发挥好传统产业在稳定经济大盘中的压舱石作用，持续在传统产业的技术改造、产业升级等方面下功夫，着力提升传统产业在全球产业分工中的地位。

要把新兴产业做大做强。用5G手机观看高清视频、在火锅店里用机器人上菜等都是新兴产业发展带来的红利。其实，战略性新兴产业不仅给老百姓生活带来质的提升，也正在重塑国家优势，悄悄改变着全球竞争格局。尤其是在国家宏观经济面临多重压力的情况下，高技术制造业、新能源汽车、工业机器人等战略新兴产业和产品的快速发展为工业经济的平稳运行、稳定发展提供了强有力的支撑。在全球产业链格局加速演进的时代背景下，我们必须把新兴产业做大做强，特别要在突破"卡脖子"技术瓶颈上下功夫。此外，还要引导优势资源和政策向战略性新兴产业集聚，加快形成激发创新动力的生态环境，加强对竞争力强的创新主体的培育等，进而释放新兴产业的强大动力。这不仅能够带动我国产业结构、要素结构等优化升级，进而促进经济持续稳定发展，也为我国经济发展实现"弯道超车"提供重大机遇，使我国进一步赢得竞争主动权。

要促进传统产业和新兴产业融合发展。促进传统产业和新兴产业融合发展，是产业体系系统筹划、一盘棋推进的具体体现。传统产业，如钢铁、家电、纺织等对经济增长、满足就业需求发挥着重要作用。但传统产业也亟须吸收科技创新成果，实现转型升级，促使传统产业真正"活"起来。新兴产业，如新能源汽车、新材料、高端装备制造业等发展迅猛，成为驱动经济发展的新引擎。进一步加快前沿技术研发和应用推广，尤其要补齐新兴产业的短板、薄弱环节，提升产业链供应链稳定性和抗风险能力，让新兴产业"兴"起来。总之，促进传统产业和新兴产业融合发展对于实施扩大内需战略、稳定和促进就业、推进高质量发展等都具有重大意义。与此同时，我国拥有超大规模市场和完整的制造业产业链，具备促进传统产业与新兴产业融合发展的有利条件。比如，我国新能源汽车就是传统产业和新兴产业融合发展的典型，且已经走在了全球产业前列。

第三，加快推进战略性新兴产业集群建设。战略性新兴产业代表了科技创新和产业发展的方向，对我国经济社会发展全局具有引领和带动作用，必须加快推进战略性新兴产业集群建设。

要培育新支柱产业。从国际视野来看，世界正处于百年未有之大变局，全球产业分工格局即将重塑，为抓住新一轮科技革命和产业变革历史机遇，亟须培育新支柱产业；从国内视野来看，我国经济已经转向高质量发展，传统支柱产业的增长放缓，旧动能减弱，亟须培育新支柱产业，如新一代人工智能、文化创新、新材料等，形成新动能。要着眼于抢占未来产业发展先机，构建高水平开放型经济，融入全球产业链分工合作，在构建高水平开放型经济的过程中推动战略性新兴产业融合化、集群化发展。要加快关键技术创新应用,全面打造一批国家科技创新中心、产业创新中心等,在核心关键技术上取得重大突破,增强要素保障能力,建设创新和公共服务综合体。

要突出特色和优势。面对异常激烈的全球竞争,要加快培育和壮大战略性新兴产业,必须打造我国独特的竞争优势,提升产业基础能力和产业链现代化水平,提升在国际分工体系中的话语权,能够在国际竞争中保有我国战略性新兴产业的独特份额。当前,不少地方已经开始筹划战略性新兴产业发展,要结合地区实际确定重点项目,培育符合当地发展实际情况的新兴产业,为地区发展贡献重要力量。突出地域特色,既可以避免多个城市集中在某些领域可能在短时间内造成产能过剩等问题,也可以有力发挥各个地区的资源优势、产业优势、科技优势等,依托这些优势,找准突破点,规划发展具有区域特色的战略性新兴产业。比如,依托区域特色优势,上海将打造未来健康、未来智能、未来能源、未来空间、未来材料等五大未来产业集群,争取到 2030 年,未来产业产值达到 5000 亿元左右。

要创新管理优化服务。战略性新兴产业变化快、创新多等特点决定了必须持续推进创新管理优化服务,及时解决制约产业发展的矛盾问题,充分激发新兴产业主体的活力。我国为培育壮大新动能,促进新旧动能的接续转换,出台了《中国制造 2025》、培育发展战略性新兴产业、"互联网 +"行动等重大举措,对支持新动能发展、加快新旧动能接续转换发挥了关键作用。但是仍有一些制约新动能发展的问题存在,而且这些问题主要聚焦在体制机制和政策环境上。为破解我国新旧动能接续转换难题,必须在创新管理优化服务上做文章,要发挥好政府的作用和市场在资源配置中的决定性作用,围绕培育壮大新动能等目标，加快管理理念、目标、方式等的全方位转型，为新兴产业发展营造良好氛围。此外，还要突出服务理念，大幅度减少事前审批、健全事中事后监管，变管理为服务，进一步提升行政审批、法规调整、标准规范等方面政府服务的科学性、针对性、灵活性，为培育壮大新动能提供更为便捷的政府服务。

五、打造具有国际竞争力的数字产业集群

《中华人民共和国国民经济和社会发展第十四个五年规划和2035年远景目标纲要》提出，"加快推动数字产业化""推进产业数字化转型"，这为我们打造数字经济新优势指明了方向。《扩大内需战略规划纲要（2022—2035年）》提出："加快推动数字产业化和产业数字化"。数字技术的普遍应用和快速发展，催生了新产业、新业态、新模式。必须加快数字化发展，打造具有国际竞争力的数字产业集群。

第一，加快数字产业化与产业数字化协同发展。数字产业化有利于数字经济的迭代更新，是数字经济发展的重要动力来源；产业数字化是用数字经济提升要素配置效率的外在表现，是数字经济影响力的重要指标。从一定程度上说，数字产业化和产业数字化反映了数字经济的发展状况，必须加快数字产业化与产业数字化协同发展。

数字产业化和产业数字化是数字经济的重要组成部分。数字产业化是指数据要素的产业化、商业化、市场化，产业数字化是指利用数字技术对传统产业进行全方位改造，两者都是数字经济的重要组成部分。中国信息通信研究院发布的《中国数字经济发展白皮书（2022年）》显示，2021年中国数字经济发展取得新突破，数字经济规模为45.5万亿元，同比名义增长16.2%，占GDP比重达39.8%，数字经济

在国民经济中的地位更加稳固、支撑作用更加明显。其中数字产业化规模为 8.35 万亿元，同比名义增长 11.9%，占 GDP 比重为 7.3%，数字产业化发展正经历从量的扩张到质的提升的转变；产业数字化规模为 37.18 万亿元，同比名义增长 17.2%，占 GDP 比重为 32.5%，产业数字化持续向纵深加速发展。随着数字产业化和产业数字化的发展，数字经济已经成为实体经济的重要组成部分。

数字经济是驱动我国经济发展的关键力量。我国数字经济加速转向深化应用、规范发展、普惠共享的新阶段。从增速看，2012—2021 年，GDP 与数字经济平均增速分别为 8.9% 和 15.9%；从占比看，2012—2021 年，数字经济占 GDP 比重由 20.9% 提升至 39.8%，占比年均提升约 2.1% 个百分点。2021 年我国数字经济规模达 45.5 万亿元，较"十三五"初期扩张了一倍多，占 GDP 比重达 39.8%，较"十三五"初期提升了 9.6 个百分点。[1] 尤其是疫情成为数字经济发展的试金石，无论是在疫情防控阻击战中，还是在疫情多点散发的常态化防控中，数字经济的加速器、稳定器作用愈加凸显出来，成为我国经济稳定增长的关键动力。此外，由于各个地区的资源禀赋和发展状况并不均衡，以传统产业为主的地区可以将主要力量放在大力推进产业数字化转型上，而一些互联网经济发展较好的地区，则可以继续扩大其在数字产业化方面的优势。

数字产业化和产业数字化要良性互动。数字产业化和产业数字化共同开启了数字经济的新篇章。数字产业化是数字技术在产业层面的

---

[1] 参见《报告：我国数字经济规模达到 45.5 亿元 北京软信息产业营收 2.2 万亿居全国首位》，北青网 2022 年 12 月 28 日。

2022年9月2日，2022世界数字经济大会暨第十二届智慧城市与智能经济博览会在浙江宁波举行，众多数字经济前沿领域的新技术、新产品、新应用等亮相展览现场

中新图片 / 王刚

发展形态，产业数字化是数字技术向外扩散运用的具体表现，两者是紧密相关、相互依存的。数字产业化的发展能够为产业数字化提供数字技术、产业、服务等，从而引领和推动行业的数字化转型升级；产业数字化的发展能够产生各行业生产、经营、销售等的海量数据，为数字产业化提供源源不断的数据资源，催生数字产品制造业、数字技术应用业、数字化效率提升业等数据产业，推动数字产业不断发展。因此，数字产业化和产业数字化是一个相互促进、共同发展的过程，以数字产业化推动产业数字化，以产业数字化拉动数字产业化，在数字产业化和产业数字化的良性互动中为制造强国、网络强国、数字中国提供坚强支撑。

第二，促进数字经济和实体经济深度融合。党的二十大报告指出，"促进数字经济和实体经济深度融合"。在信息时代，把发展经济的着力点放在实体经济上，就要在数字经济和实体经济的深度融合上下功夫。

要坚持创新引领。创新是引领发展的第一动力。数字经济具有高创新性的特点，已经成为当前具有活力和创新力的经济形态。新一轮科技革命和产业变革正在全球开创新版图，但我国在大数据核心技术，如高端芯片、操作系统等方面"卡脖子"的问题仍然存在。促进数字经济和实体经济深度融合，必须坚定不移走自主创新之路，突出科技自立自强的战略支撑作用，以关键核心技术为突破口，提升关键技术创新能力，打好关键核心技术攻坚战。要以场景应用为牵引，持续推进数字技术、应用场景和商业模式的融合创新，形成融合发展新格局。此外，还要充分挖掘与融合发展需求相匹配的高层次、复合型、技能型创新人才，完善人才引进机制和培养体系，为创新发展提供坚强人才支撑。

要释放数据潜力。数字经济时代，数字正逐渐成为推动经济发展的新的生产要素。数据作为一种新型生产要素，不仅蕴含着海量知识、信息等，也能够对其他生产要素进行数据化，为其他生产要素赋能。数据本身具有复制成本低、没有排他性、可再生性强等特点，正驱动着数字经济和实体经济发生深刻变革。但要认识到，数字要素化还面临共享流通障碍重重、安全和隐私保护体系还不够健全等问题，进一步释放数据潜力任重道远。要发展数字经济，必须发挥数字作为生产要素的重要作用，在数据处理、数据交易等环节完善法律法规，探索有利于数据要素服务实体经济的实践模式。同时，推动数据要素合理发挥作用，既要鼓励实体经济企业向数字经济企业学习先进的数字科技应用和数据治理模式，推动实体经济企业的数字化转型，也要以数字产业化为引领，以产业数字化为核心，推动数字经济和实体经济融合，实现高质量发展。数据要素既可以引领全面流通的国内大循环，也可以引领带动数据要素国际循环，所以要加快实现数据要素在全球各地、各国各企业之间的优化配置。

要破除体制障碍。当前，我国数字经济和实体经济融合主要依托消费互联网，在供给侧、产业链等方面的数字化转型仍然存在不平衡、不充分等问题，从某种意义上来说，制约数字经济和实体经济融合发展的重要因素之一就是体制性障碍。加快推进数字经济和实体经济融合发展，必须深化改革，在破除体制障碍上下硬功夫。一要完善数字经济治理体系，探索建立与数字经济持续健康发展相匹配的治理方式，促进各项改革系统集成。二要打造市场化、法治化、国际化营商环境，激发数字经济与实体经济融合发展的内生动力。三要完善促进数字经济与实体经济融合发展的政策体系，充分发挥政策的激励作用，最大限度释放数字经济与实体经济融合发展的潜能活力。

第三，数字经济助力构建双循环新发展格局。我国积极畅通国内大循环，并吸引全球资源要素，构建以国内大循环为主体、国内国际双循环相互促进的新发展格局。加快形成双循环新发展格局既是我国面临国内外复杂经济政治环境作出的关键举措，也是我国实行供给侧结构性改革战略的内在要求。近年来，数字经济表现抢眼，从其表现出的能效看，数字经济正成为推动构建我国经济双循环新发展格局的重要抓手。

精准匹配供给与需求。双循环的主体是国内大循环。数字经济运用大数据与计算等新兴技术，对用户后台进行数据分析，促使商家能够更迅速、更准确地了解消费者的实际需求，从而让商家更有针对性地制定其生产、经营策略，减少供给端与需求端的信息不对称问题，促进供给与需求的信息匹配，形成需求端与供给端及时高效的信息反馈机制。新冠疫情暴发以后，国内消费市场仍能持续升温得益于供给体系对国内需求适配性的进一步提升，数字技术通过精准匹配供给与需求，从而畅通国内大循环体系。数字经济还能通过带动人工智能、大数据、云计算等技术的发展，进而促进经济社会产生新变革，并且催生更多新的需求与供给，促使供给端与需求端之间能够实现更高水平的动态平衡。

提高对外开放水平。构建双循环新发展格局不仅要构建国内大循环，还要打通国际国内两个市场，塑造我国参与国际竞争的新优势，从而提升对外开放的积极性主动性。近年来，受贸易保护主义和新冠疫情的深刻影响，推动经济全球化的传统动力有所减弱。习近平主席明确提出:"推动经济全球化朝着更加开放、包容、普惠、平衡、共赢的方向发展。"[1] 数字经济的发展为推动经济全球化、提高对外开放水平带来了颠覆性的变革。比如,在制造业领域,数字经济供应链更加智能,全球化配置资源更加便捷,也促使供应链的协作供应成为可能。也就是说,数字化供应链的发展把数字经济运行的边界进行了无限拓展。

加强经济协同性。为构建国内大循环体系,应加快建设统一开放、竞争有序的现行市场体系,提高要素流动与配置效率。要打通供应链、产业链、服务链等,畅通国内循环主动脉,提高供应、生产、消费等的整体协同性。数字经济促进了供应链、产业链、服务链等之间的相互衔接,并通过打通各环节、各链条之间的信息节点,促进信息的公开透明和传递的畅通无阻。这不仅保障了资源的有效流通,也提高了资源配置的效率。同时,数字经济的发展改善了经济运行中信息不对称等现象,减少了资源、产品、资金等的流动阻碍,提高了经济系统面对外部冲击的快速反应能力,从而确保整个经济系统始终保持十足韧性。

---

[1] 习近平:《在第三届中国国际进口博览会开幕式上的主旨演讲》,人民出版社2020年版,第4页。

第八章

加大宏观政策
调控力度

2023年是党和国家历史上极为重要的一年，是实施"十四五"规划的关键一年，更是全面贯彻落实党的二十大精神的开局之年。为推动我国社会经济运行整体好转，2022年底召开的中央经济工作会议观大势、谋全局，从财政、货币、产业、科技、社会五大领域加紧政策部署，加大宏观政策调控力度，加强各类政策协调配合，多措并举，用高质量发展的实际成效，推进我国全面建设社会主义现代化国家。

一、积极的财政政策要加力提效

财政政策是国家制定的指导财政分配活动和处理各种财政分配关系的基本准则，是国家干预经济、实现宏观经济目标的工具。当前我国经济面临多种超预期因素影响，国内需求收缩、供给冲击、预期转弱，国外环境动荡不安。为此，2022年底召开的中央经济工作会议部署要继续实施积极的财政政策。

积极的财政政策，是在经济运行状态相对低迷、下行压力需要得到对冲的情况下，为降低企业负担、提升经济景气度，应对我国内需扩大、经济升温、促进经济运行在合理区间维持财政采取的减税、增加支出的政策安排。加力，就是在财政支出强度、专项债投资拉动、推动财力下沉等领域适度加大财政政策扩张力度；提效，就是在完善税费优惠政策、优化财政支出结构等领域提升政策效能。积极的财政政策能够更精准、更有效地促进宏观经济大盘稳定，重点需要把握以下5个方面。

第一，继续完善税费优惠政策，助企纾困，为中小企业赋能。政府要继续优化营商环境，不折不扣落实国家出台的各项减税降费退税政策，对现行政策加以延续和优化。政府在财政补助、税费优惠等方面要对各企业一视同仁、平等对待，发挥政府性融资担保机构作用，继续实行小微企业融资担保降费奖补，帮助企业缓解融资难融资贵问题。2021年我国税收收入占GDP比重降至15%，在世界范围内处于偏低水平。2022年，面对复杂严峻的国内外形势，国家强调稳字当头、稳中求进，强化跨周期和逆周期调节，果断实施制造业中小微企业延续缓缴税费、大规模增值税留抵退税等政策。其中，大规模增值税留抵退税是税费支持政策的"重头戏"。财政部数据显示，2022年实施大规模增值税留抵退税，全年新增减税降费和退税缓税缓费超过4万亿元。[1] 从行业看，制造业是受益最明显的行业，截至2022年11月，退税6176亿元，占比26.7%；其次是交通运输业，之后是电力、热力、燃气及水生产和供应业。从企业规模看，小微企业是受益主体，2022年已获得留抵退税的纳税人中，小微企业户数占比93.1%，共享受退税9178亿元；从占比看，中型企业退税金额为5104亿元，

---

[1] 参见包兴安：《增值税优惠政策发力助企纾困 2023年减税降费加力提效》，《证券日报》2023年1月12日。

占比22.1%，大型企业退税金额为8815亿元，占比38.2%。[1]2022年，国家累计免征新能源汽车车辆购置税879亿元，同比增长92.6%。[2]为了支持新能源汽车产业发展，国家延续实施新能源汽车免征车辆购置税政策至2023年12月31日，这一优惠措施对促进我国汽车产业高质量发展具有重要意义。总的来看，各项税费支持政策不但减轻了企业税费负担，帮助广大企业爬坡过坎、纾困解难，而且增强了企业发展动能，大力提振了市场主体的自信心，对我国经济恢复向好起到了推动作用。

第二，加强财政资源统筹，为落实国家重大战略任务提供财力保障。优化组合财政赤字、专项债、贴息等工具筹集充分的财力，在统筹发展与安全的前提下，最大限度地提升财政政策的效率。《2022年上半年中国财政政策执行情况报告》显示，累计发行新增专项债券3.41万亿元，共支持超过2.38万个项目，共有18455亿元退税款退付到纳税人账户，用于养老、义务教育等基本民生方面的支出约1.17万亿元。[3]2022年上半年，财政部门加强财政资源统筹，加大政策供给，全力"稳增长"，专项债发行进度明显快于往年，发挥了投资对稳增长的关键作用。2023年在财政收支延续紧平衡态势的背景下，我国财政赤字和地方政府专项债券规模适度扩大，在稳增长、扩内需、稳就业和促进经济高质量发展等方面继续发挥重要作用。需要强调的是，要做好专项债券项目储备和前期工作，提高项目储备质量，聚焦重点领域和短板领域，优先支持成熟度高的项目和在建项目，适

---

[1] 参见李华林：《税费支持政策为企业减负纾困》，《经济日报》2022年11月17日。

[2] 参见《新能源汽车购置税2022年免征879亿元》，《人民日报》2023年1月14日。

[3] 参见《2022年上半年中国财政政策执行情况报告》，财政部网站2022年8月30日。

当提高资金使用集中度,并与政策性开发性金融工具项目做好衔接。2022年底召开的中央经济工作会议把财政贴息工具与传统财政工具并列提出,也成为2023年政策协调配合的另一载体。未来财政贴息将重点为技术改造等制造业领域提供低成本资金,通过财政贴息的方式进一步降低企业融资成本,有利于引导更多低成本资金支持重点领域。总之,加强财政资源统筹,既要立足当前,着力盘活用好现有可支配的资金资产,充分发挥财政资金效益,又要着眼长远,建立健全优化财政资源配置的长效机制,提升财政预算管理水平,更加全面地发挥财政在国家治理中的基础作用和重要支柱作用。

第三,大力优化支出结构,坚持有保有压。要积极支持重点领域,从严控制一般性支出,不断提高支出效率。大力支持包括乡村振兴、科技攻关、区域重大战略、教育、基本民生等领域的发展。积极支持农业科技攻关,大力提升科技投入效能,推动建设现代化产业体系,推动产业结构优化升级。加大科研基础研究投入,全力组织实施"科技创新2030—重大项目",推进财政支持中小企业数字化转型试点建设。全面巩固拓展脱贫攻坚成果,中央财政提前下达衔接推进乡村振兴补助资金,增强脱贫地区和脱贫群众内生发展动力,全面推进乡村振兴。进一步完善社会保障体系,持续增加涉及民生福祉领域的财政支出。建设高质量教育体系,中央扩大对地方教育转移支付规模。加强医疗卫生机构服务能力,适当提高居民医保财政补助标准,整合城乡居民基本医疗保险,鼓励省级统筹。深入实施企业职工基本养老保险全国统筹,完善相关政策,加快推动个人养老金发展。省级财政要进一步统筹财力,将"三保"支出足额纳入预算安排并重点保障,帮助基层及时解决实际困难和突发问题,确保"三保"不出任何问题。

第四，均衡区域间财力水平，促进基本公共服务均等化。由于各区域经济发展水平具有明显差距，初次分配的财力状况并不均衡，有效缓解区域财力的差异，中央要在区域财力的再分配中发挥均衡作用。要持续增加对地方的转移支付，抓紧制定与地方收入划分的改革方案，深化推进转移支付制度改革，继续清理规范转移支付项目，完善农业转移人口市民化的财政政策体系，推动提高新型城镇化质量。针对地方的一些困难和问题，中央财政要向困难地区和欠发达地区倾斜，兜牢兜实基层"三保"底线。《2022年上半年中国财政政策执行情况报告》显示，中央一般公共预算对地方转移支付安排近9.8万亿元、增加约1.5万亿元，增长18%、增幅比往年大幅度提高。省级财政也要最大限度下沉财力，支持基层落实助企纾困政策和"三保"。同时，要健全各地县级财力长效保障机制。县级财政是承担最广泛的民生性财政支出任务的基层财政，要积极展现对工作的责任担当，采取有效措施健全县级基本财力保障机制，增强县级政府的财政支付能力，重点推进教育、医疗卫生、环境保护等领域的财政事权和支出责任划分改革，通过从中央到地方的各级努力，达到各地基本公共服务基本实现均等化的效果。

第五，严肃财经纪律，切实防范财政风险。各级政府要严格财政收支规范管理，坚决制止违法违规举债行为，地方政府要注意弥补赤字的举债安排以及公债的规范化运作。预算法修订后，我国地方债务普遍阳光化，规范性相对较高，但是仍有一些地方出于特定原因"隐性负债"，因其规范性低且风险度高，应成为财政风险控制关注的重点，要通过制度建设、管理优化，严格防范与积极化解地方隐性债务风险。化解隐性债务也是防范与化解地方政府债务风险的任务之一。隐性债务，是地方政府在法定政府债务限额之外直接或者承诺以财政资金偿还，甚至违法提供担保等方式举借的债务。中央多年来一直推行强化隐性债务监管，既遏制了隐性债务增长，也积极稳妥地化解了存量隐性债务，不少地方制定了具体化解隐性债务方案，广东省在2021年率先实现全域隐性债务清零，北京和上海也被纳入全域无隐性债务试点。但在一些中西部欠发达地区，在近年经济下行、财政收入增长乏力的背景下，隐性债务化解面临不少挑战。为此，各省市要以高度的责任意识，采取有力举措，积极稳妥化解存量隐性债务，着力加强风险源头管控，硬化地方预算约束，严堵违法违规举债融资的"后门"，严禁违规为地方政府变相举债，决不允许新增隐性债务上新项目、铺新摊子，遏制隐性债务增长。要积极稳妥化解隐性债务存量，逐步破除刚性兑付、促进市场自律；健全配套政策，完善常规化监管和问责机制，还要深化财税、国资、金融等联动改革，建立健全长效债务治理机制，从而实现全国范围内全面消除隐性债务的终极目标。

二、稳健的货币政策要精准用力

金融是现代经济的核心，是推动经济社会发展的重要力量。2022年底召开的中央经济工作会议指出："稳健的货币政策要精准有力。"要保持流动性合理充裕，保持广义货币供应量和社会融资规模增速同名义经济增速基本匹配，引导金融机构加大对小微企业、科技创新、绿色发展等领域支持力度。

当前，国内经济处于恢复阶段，外部环境仍不确定，在复杂内外因素影响下，我国仍然需要保持积极的宏观调控政策。"稳健的货币政策要精准有力"，便是2022年底召开的中央经济工作会议对货币政策定下的总基调。稳健的货币政策，是指国家采取稳定利率、稳定汇率、持平进出口、以直接投融资为主等必要手段来稳定我国货币币值的金融政策。它是国家经济政策与宏观调控手段，是经济稳定发展、人民生活水平稳步提高的必要前提，也是社会主义市场经济的重要特征。精准，强调的是货币政策要围绕未来的主要任务、重点任务展开，即突出稳增长、稳就业和稳物价，从供给和需求两端保证经济总量合理增长，突出结构性货币政策工具的作用；有力，则是应适时降低存款准备金率，为金融机构提供长期稳定的低成本资金，继续向市场发出稳增长、扩内需的明确信号。为减轻居民住房消费负担和激发企业中长期融资需求，央行继续引导贷款市场报价利率（LPR）尤其是5年期以上LPR适度下行。2022年我国部分房贷重新定价，全年5年期以上LPR共下调35个基点，其中1月下降5个基点，5月和8月均下降15个基点，这意味着居民需要偿还的房贷月供相应减少。[1]为此，有力强调的不仅是结构性政策有力，还包括总量有力，为实体经济发展营造合理充裕的流动性环境。货币政策的精准有力，表明我国货币政策将重点在"精准"和"有力"两个方面上下功夫，强调货币政策的结构性发力，即精准滴灌、定向支持，以进一步提升货币政策服务实体经济的精准性和有效性。

第一，保持流动性合理充裕。保持流动性合理充裕是货币政策

---

[1] 参见彭扬、欧阳剑环：《部分房贷重定价在即 LPR仍有下行空间》，《中国证券报》2023年1月3日。

的基本功能之一。为保持流动性动态平衡、总体宽松，稳定银行体系流动性和整体资金供求，2022年12月19日至30日，央行两周累计投放跨年资金17280亿元；2023年1月3日至6日，央行净回笼量创单周历史新高，达到16010亿元。2023年，央行将资金由净投放转为净回笼的系列操作，是对2022年末一系列大额、高频流动性投放的相应对冲与自然回收。这体现出央行在货币政策上贯彻的是收放自如、灵活精准、合理适度的政策思路。近年来，央行实施的稳健的货币政策灵活适度，既保持了货币政策的连续性、稳定性和可持续性，又达到了科学管理市场的预期，起到了切实服务实体经济和有效防控金融风险的作用，和其他宏观政策相配合，最大限度稳住了经济社会发展基本盘。今后一段时期，央行仍要根据各时点流动性供求和市场利率变化等因素，突出灵活、精准调控，既不搞"大水漫灌"，也不让市场"缺钱"，确保货币政策流动性保持合理充裕，既能及时满足市场需求，又能促进金融市场平稳运行。

第二，结构性货币政策工具持续发力。面对国际国内的经济形势发展变化，央行主动作为，2022年两次降准，发挥货币政策工具的总量和结构双重功能，运用再贷款再贴现、中期借贷便利、公开市场操作等货币政策工具，稳定了宏观经济大盘，保持经济在合理区间内运行。结构性货币政策工具具有精准直达定向的优势，其对我国金融服务直达实体经济、支持国民经济发展起到了积极作用。具体来说，一是建立激励相容机制，将央行激励资金与金融机构的定向信贷支持挂钩，推动工具快速有效落地，发挥精准滴灌作用。2022年，央行创造性地推出科技创新和普惠养老两项专项再贷款工具。二是保持银行体系流动性合理充裕，支持信贷增长。2020年以来，结构性货币政策工具累计投放基础货币2.3万亿元。[1] 截至2022年底，结构性货币政策工具余额大约为6.4万亿元[2]，有序实施各项结构性货币政策工具，持续投放基础货币，在保持银行体系流动性合理充裕的基础上，支持信贷总体平稳增长。为壮大实体经济，推进国民经济发展，央行要灵活运用多种结构性货币政策工具：一是运用再贷款再贴现工具，支持实体经济的发展。为加大对涉农小微企业、民营企业的支持力度，央行要充分运用支农支小再贷款和再贴现等结构性货币政策工具，引导金融机构将资源传导到国民经济运行的毛细血管中。二是助力经济发展，加速货币政策工具落地落实。为科学有序实现碳达峰碳中和目标，实现能源结构平稳转型，央行推出了碳减排支持工具和支持煤炭清洁高效利用专项再贷款。截至2022年5月，央行通过两项工具累计发放资金1611亿元。[3] 为支持我国实行的科技强国和应对人口老龄化战略，2022年4月，央行推出科技创新和普惠养老两项专项再贷款政策。目前，央行正研究出台"保交楼"贷款支持计划，住房租赁贷款支持计划，民企债券融资支持工具等几项结构性货币政策工具，为房地产市场平稳健康发展提供更有力的金融支持。

第三，强化支持重点领域和薄弱环节。稳健的货币政策不但要总量有力，还要有结构特色。央行既要保持流动性合理充裕，又要充分发挥结构性货币政策的精准导向作用，特别是针对普惠金融、绿色

---

[1] 参见中国人民银行货币政策司课题组：《结构性货币政策工具精准出击 助力市场主体纾困和实体经济发展》，中国人民银行网站2022年5月6日。

[2] 参见《人民银行谈2022年金融数据：结构性货币政策工具持续发力》，人民网2023年1月13日。

[3] 参见中国人民银行货币政策司课题组：《结构性货币政策工具精准出击 助力市场主体纾困和实体经济发展》，中国人民银行网站2022年5月6日。

发展、科技创新等涉及国民经济的重点领域和薄弱环节，加大支持力度。一是大力支持实体经济特别是小微企业。民营企业和中小微企业是解决就业、促进民生的市场载体，也是高水平社会主义市场经济体系中不可或缺的组成部分。党的二十大报告强调，要"优化民营企业发展环境，依法保护民营企业产权和企业家权益，促进民营经济发展壮大"以及"支持中小微企业发展"。2022年底召开的中央经济工作会议也进一步明确，要从政策和舆论上鼓励支持民营经济和民营企业发展壮大。近年来，金融管理部门支持民营企业的相关政策纷纷落地。央行充分发挥结构性货币政策的精准导向作用，支持民营企业、中小微企业的发展壮大。2022年，银保监会坚持"两个毫不动摇"，引导银行保险机构加大对民营企业、小微企业的支持力度，降低企业综合融资成本。新发放企业贷款超过一半投向民营企业，普惠型小微企业贷款余额23.6万亿元，同比增长23.6%。重点引导加大对受疫情影响较大行业企业的纾困帮扶力度，批发零售业、交通运输仓储邮政业、租赁商务服务业、住宿餐饮业贷款全年合计新增7万亿元。[1] 金融机构对中小微企业增设信用贷、无还本续贷、中长期贷等信贷投放方式，使用支小再贷款、普惠小微贷款支持工具，科技创新再贷款等货币政策工具。央行2022年9月28日宣布设立设备更新改造专项再贷款，该贷款专项用于支持中小微企业等进行设备的更新改造。二是加大对科技创新、绿色发展等领域的支持。我国经济社会的高质量发展，需要以创新驱动、绿色低碳、数字化发展等多要素推进产业转型升级。为解决企业巨大的资金需求，2022年4月，央行设立2000亿

---

[1] 参见《去年新发放企业贷款过半投向民营企业》，《人民日报》2023年2月5日。

元额度的科技创新再贷款，利率为 1.75%，用来支持包括高新技术企业、专精特新中小企业的良性发展，缓解了企业的燃眉之急。[1]

第四，牢牢把握扩大内需这个战略基点。扩大内需既是短期稳增长的主要着力点，也是长期构建"以国内大循环为主体、国内国际双循环相互促进"的新发展格局的基础。2022 年底召开的中央经济工作会议强调，着力扩大国内需求，要把恢复和扩大消费摆在优先位置。党的十八大以来，扩大内需促进消费政策的扎实推进，成效显著，2022 年我国社会消费品零售总额达到 44 万亿元，推动了社会经济高质量发展、提升了消费者的生活品质。充分释放消费潜力，扩大内需促进消费，要围绕多样化的消费需求，增加高质量产品和服务供给，不断提升国内供给质量水平。提升居民消费动力，扩大内需，一要增加居民收入。金融政策要积极配合财政政策和社会政策，多渠道增加居民收入，在满足居民基本生活需求的基础上，提高居民的消费能力。二要充分发挥金融工具作用，激发潜在消费需求。对于涉及居民消费支出中占比较大的房屋、汽车等，金融机构要充分发挥消费信贷金融工具的作用，增加消费贷款的发放力度；支持住房改善性需求，切实降低二套房首付比例，减轻购买者的税费负担；支持新能源汽车消费，在享有购置税免征政策优惠的基础上，金融机构要着力减少汽车使用环节存在的瓶颈约束，提高使用便利性；支持二手车市场发展，拉动新车销量，全链条激发汽车消费潜力，带动保险、金融等行业发展。总之，推动释放消费需求，要以鼓励市场主体增加多样化

---

[1] 参见潘福达：《2023 年货币政策定下总基调——稳健的货币政策要精准有力》，《北京日报》2022 年 12 月 23 日。

扩大内需，要把恢复和扩大消费摆在优先位置。图为 2023 年 2 月 1 日浙江省杭州市淳安县骑龙巷街区花灯景观吸引了众多市民观赏游玩

中新图片 / 杨波

供给为重点，促进供需匹配。三要主动防范金融系统风险。银行在增加消费贷款时，要适度处理消费的放贷比例，防范系统性风险，加大对消费贷款监管力度，避免呆账坏账产生。另外，为满足消费需求，要探索开发更多适销对路的金融产品，围绕文化、教育、养老等重点领域，加强对服务消费的综合金融支持，激活市场需求潜能，更好发挥扩大内需对经济发展的支撑作用。

三、产业政策要发展和安全并举

2022年底召开的中央经济工作会议确立了支撑2023年经济高质量发展的五大政策体系，其中明确提出产业政策要发展和安全并举。会议指出，优化产业政策实施方式，狠抓传统产业改造升级和战略性新兴产业培育壮大，着力补强产业链薄弱环节，在落实碳达峰碳中和目标任务过程中锻造新的产业竞争优势，推动"科技—产业—金融"良性循环。

产业政策要发展和安全并举，这是与国家发展阶段变化、产业技术水平提升、对外经贸格局演变相适应的。在经济高质量发展过程中，我国传统产业政策实施的基础支撑条件已经发生了重大变化，产业政策转型的目标也由此进行了适度调整，即将产业政策重心统一到高质量发展上来，并以此为主线提升产业发展质量、保障产业安全。此次会议提出的"发展和安全并举"，是对当下产业政策转型的最新要求和精准定位。为此，要从以下5方面着手实施。

第一，着力补强产业链薄弱环节。保持产业链供应链安全稳定既是稳增长的重要支撑，也是构建新发展格局的重要基础，更是经济高质量发展的重要举措。党的十八大以来，我国产业链供应链现代化取得了明显进展，核心竞争力不断增强，自主可控力得到稳步提升，但国内产业链供应链发展仍然不平衡，在集成电路、操作系统、航空发动机、关键材料等领域存在"卡脖子"风险。随着新一轮科技革命重塑全球产业链分工形态，我国传统优势制造业的产业链供应链存在被东南亚新兴经济体替代的风险。因此，尽管我国拥有超大规模市场优势，仍要加快科技自立自强，着力补齐补强产业链薄弱环节，增强产业链韧性、提升产业链安全水平，确保国民经济循环畅通。一方面，以自主创新为根本，以国家战略需求为导向，出台政策鼓励企业、科研单位集聚人才、科技、资金等多方力量，进行原创性引领性科技攻关，鼓励技术创新，加快突破关键核心技术，大力推进科技成果向现实生产力转化，尽快解决"卡脖子"问题，实现高水平科技自立自强；另一方面，要发挥科技创新的引领带动作用，推动产业链供应链优化升级，巩固并提升传统优势产业国际领先地位，强化产业链协同创新，打造高中低端协调配合的产业链供应链体系。推进产业链供应链国际合作，不断提升我国产业链供应链的国际影响力，完善我国产业链供应链生态体系。

第二，推进传统产业改造升级。发展先进制造业，是我国进入工业化后期的发展需要，更是顺应世界科技进步和产业变革的必然要求。我国拥有世界最完整的产业体系，传统产业占我国产业经济的七成左右，具有规模优势、配套优势和部分领域领先优势。推动我国经济企稳向好，要继续发挥传统产业优势，加大设备更新和技术改造力度，提升传统产业在全球产业分工中的地位和竞争力。推动传统产业数字化、智能化、网络化转型，是我国传统产业升级转型的主要方向。从近期看，要加快技术改造投资步伐。技术改造投资是产业扩大投资需求、实现稳增长的重要抓手。改造升级传统产业，要深入推进重大技术改造升级，淘汰落后产能，持续推进重点行业质量提升，推进化工、机械、电子、家电等重点行业绿色化改造。从中长期看，要推进传统产业转型升级。工信部统计显示，截至2022年6月底，我国规模以上工业企业关键工序数控化率、数字化研发设计工具普及率分别达到55.7%和75.1%，比2012年分别提高31.1个和26.3个百分点。[1] 加快制造业数字化转型，要通过配备行业领先技术，大力提升产业链水平，推动企业绿色发展、安全发展，开辟传统工业技术升级换代的新路径，推动更多产业达到国际先进水平，提高其国际竞争力。

第三，发展壮大战略性新兴产业。战略性新兴产业，以重大的技术突破和发展需求为基础，是新兴科技和新兴产业的深度融合，是引领国家未来发展的重要决定性力量，对我国形成新的竞争优势和实现跨越发展至关重要。近年来，在国家政策鼓励和支持下，战略性新兴产业正成为我国经济高质量发展的新引擎。今后仍要把培育壮大战略性新兴产业作为重点任务，释放其巨大发展潜力和强大带动力，使其具有国际竞争优势，成为我国经济持续稳定恢复的新引擎。一是加快壮大新一代信息技术、新材料、新能源、生物技术、航空航天等产业的发展，既要优化发展已有的产业基础，也要谋划布局一批新产业。二是推动互联网、大数据、人工智能同各产业的深度融合，打造具有中国特色的先进制造业集群，构建一批特色鲜明、结构合理的战略性新兴产业增长引擎，鼓励开拓战略性新兴产业领域的新技术、新产

---

[1] 参见王政、韩鑫：《传统产业改造升级　新兴产业加快发展》，《人民日报》2022年7月27日。

品、新业态和新模式。三是推进数据中心、智能服务平台、工业互联网等新型基础能力和平台设施建设,打造一批资源丰富、功能多元、服务精细的电子商务和工业互联网平台,加大力度支持平台经济,推动战略性新兴产业健康发展。四是国家要出台政策支持该领域企业提高竞争力。对外可以通过兼并重组扩大企业规模,对内可以通过优化产业结构和空间布局,加固企业产业链条,有序协调各环节平衡发展等举措推动产业发展。

第四,加快构建新型能源体系。能源是国民经济的命脉,是经济社会发展的基础和动力源泉,对改善人民生活具有重要作用。当今世界,国际能源发展形势十分复杂,全球能源供应版图深度调整,国际大宗商品价格高位波动。有效缓解经济下行压力,推动绿色低碳转型发展,要以改革为根本动力,加快建设新型能源体系,满足社会需要。一是全方位提升能源安全保障能力。我国要通过加大国内油气勘探开发力度、增加油气储备数量、强化能源国际合作等多种途径,增强油气供应保障能力,提升我国能源系统平稳运行能力。二是构建多能融合能源新体系。立足于我国新能源产业优势,强化原始创新和关键技术突破,推动将能源新材料、先进制造技术等与能源技术深度融合,探索能源生产和能源消费新模式。同步打造能源科技创新体系,整合优化科技资源,鼓励社会资本投资能源科技创新领域。三是打造清洁低碳能源生产消费体系。以清洁能源供应保障为支撑,推动主要用能行业消费结构转型,加大力度规划建设以大型风电光伏基地为基础的新能源供给消纳体系。重点控制化石能源消费,提高新能源的市场占有率,健全以绿色家电消费为导向的市场机制,全面发挥电能的替代作用。四是开拓能源合作共赢新局面。发挥我国新能源产业优势,要以"一带一路"建设为契机,坚持"引进来"和"走出去"并重,遵循共商共建共享原则,巩固和发展与相关国家绿色发展战略对接,建成一批绿色能源合作项目,并进一步参与全球能源治理体系改革和建设。

碳达峰碳中和是高质量发展的内在要求。推进碳达峰和碳中和是一场广泛而深刻的能源系统革命,能源结构转型是实现碳达峰碳中和的关键。保障经济社会发展和国家能源安全,要不断增加清洁能源的供应能力,推进产业体系向清洁低碳、安全高效转型。为此,要从以下两个方面加大力度:一是在保障能源产供储销体系平稳的前提下,打造我国清洁低碳能源生产消费体系,大力调控能源消耗总量和强度,加快推进向碳排放总量和强度"双控"的转变。二是发挥典型区域综合示范作用。选取实现碳达峰目标难度最大、问题最集中的区域作为试点,引导地方政府、企业和社会资本投入,探索出解决高碳地区低碳化问题的有效办法,形成方案后向全国推广,助力我国早日实现碳达峰碳中和。

第五,推动"科技—产业—金融"良性循环。近年来,随着经济的快速发展和金融体系的不断完善,"科技—产业—金融"的良性循环已经成为我国经济的一大特色。科技创新、产业升级、金融赋能是拓展新领域的关键点,三者的有机融合为我国经济发展注入了新的强大动能。科技、产业、金融的融合互动过程,是一个动态演进的系统性过程。为了推动科技资源、产业需求、金融要素的有效对接,最终实现金融数字化、产业现代化、科技产业金融一体化,要从以下3个方面着手:一要加强科技创新原动力。充分发挥基础科学的研究作用,大力解决在核心技术方面遇到的"卡脖子"难题。充分发挥政府

碳治理是全面绿色转型的重要维度。近年来，安徽省芜湖市繁昌区聚焦绿色低碳转型发展，大力发展光伏发电等绿色清洁能源，通过打造岱湖滩水上发电、水下养鱼的立体化渔光互补发电模式，助力碳达峰碳中和目标，带动地方经济、生态双丰收。图为岱湖滩上的渔光互补光伏电站

中新图片 / 肖本祥

在关键核心技术攻关中的组织作用，布局实施一批国家重大科技项目，出台政策鼓励引导企业在基础研究方面加大投入力度。企业要突出在科技创新中的主体地位，聚焦长期的、底层技术的关键价值，力争取得创新突破，为促进产业发展夯实基础。二要建立现代产业体系。产业化能够加快科技成果在国民经济各个领域推广应用的进程，并形成一定的经济规模；企业通过科技创造的利润，能够解决科研投入所需的资金来源问题，并由此催生新技术、新产业，形成科技与产业之间的良性互动。三要充分发挥金融对实体经济发展的服务作用。金融机构通过加大对科技创新类企业的信贷支持力度，助力企业做大做强。建设和运用好多层次的资本市场，汇聚起一批涉及各产业链环节、多应用场景的创新企业，充分利用好社会储蓄资金，推动我国经济高质量发展。总之，通过加强产学研资的深度结合，能让科技成果及时产业化，同时发挥金融对科技创新和产业振兴的支持作用，为金融发展提供坚实的实体经济支持，从而实现科技创新、产业振兴和金融发展三者的有机结合。

四、科技政策要聚焦自立自强

科技自立自强是国家强盛之基、安全之要。面对日益严峻的外部环境和世界科技发展格局，2022年底召开的中央经济工作会议强调了科技政策在宏观经济政策体系中的关键地位，提出"科技政策要聚焦自立自强"，明确了科技政策的目标方向，为做好未来一个时期的经济工作提供了科学指导和路线图。

党的十八大以来，我国科技创新取得举世瞩目的非凡成就，载人航天、"嫦娥"探月、"天问"访火、"人造太阳"、"北斗"导航、万米海试等让我国在深空、深海、深蓝等领域牢牢占据科技制高点，科技自立自强取得重大进展。2022年，我国全社会研发经费为3.09万亿元，占GDP比重为2.55%；基础研究投入约为1951亿元，占全社会研发经费的比重为6.3%，技术合同成交额达到4.8万亿元，国家创新能力综合排名上升至世界第11位，成功进入创新型国家行列，开启了实现高水平科技自立自强、建设科技强国的新阶段。[1] 科技自立自强是一个大国走向强国的必然要求。科技的自立自强，需要国家不断完善国家科技创新体系，国家战略科技力量能够有力支撑国家发展战略实施；国家的科技成果过硬，关键核心技术自主可控；科技的渗透性、扩散性能够有力支撑国家发展、安全大局，国家科技能力在全球科技创新体系中具有重要地位。

科技自立自强事关国家前途命运。维护国家战略利益，推动高质量发展迫切需要科技自立自强。聚焦自立自强，要在科技发展中协调不同政策要素、作用机制和政策工具，从"三个统筹"方向发力，充分发挥科技创新在世界百年未有之大变局中的关键变量作用、在中华民族伟大复兴战略全局中的支撑引领作用。

第一，将统筹教育、科技、人才工作作为科技政策的首要任务。教育是基础，科技是关键，人才是根本。党的二十大报告将教育、科技、人才进行三位一体考虑，并作为"全面建设社会主义现代化国家的基础性、战略性支撑"进行统筹布局。2022年底召开的中央经济工作会议特别强调"要有力统筹教育、科技、人才工作"，体现了我

---

[1] 参见《国务院新闻办就"深入实施创新驱动发展战略　加快建设科技强国"举行发布会》，中国政府网2023年2月24日。

们党已经深刻认识到现代化国家建设的规律性。全面建设社会主义现代化国家的首要任务是高质量发展，高质量发展必须依靠不断创新的科技，科技的创新动力来自人才，高素质的创新型人才又依赖于高质量的现代化教育体系的建设。实现科技的自立自强，政府要做好教育、科技、人才三者的有机统筹。一要做好科教兴国战略、人才强国战略、创新驱动发展战略的统筹工作，通过三大战略之间的协同配合、系统集成，开辟科技发展的新领域，塑造科技发展的新动能。二要在聚焦教育强国、科技强国、人才强国的目标下依靠科技创新，为我国高质量发展提供新的着力点和支撑体系，从而走上内涵型科技增长之路。三要在坚持科技是第一生产力、人才是第一资源、创新是第一动力的前提下，做好教育、科技、人才的统筹工作，最大限度地满足国家现代化建设需求。四要做好战略规划、法律政策文化、科技及相关资源的统筹工作，强化科技发展的顶层设计和系统推进。

第二，将统筹发挥政府与市场作用作为科技政策实施的关键。科技政策扎实落地是推进科技自立自强的关键着力点。党的十八大以来，国家创新驱动发展战略、人才强国战略和科教兴国战略逐步得到落实。2015年3月，中共中央、国务院颁布实施的《关于深化体制机制改革加快实施创新驱动发展战略的若干意见》，构建了我国全面深化科技体制改革的战略蓝图。2016年5月，中共中央、国务院印发的《国家创新驱动发展战略纲要》，落实了战略的总体方案并构筑了路线图，对我国实施创新驱动发展战略进行了系统谋划和全面部署。近年来，我国在科技立法、科技管理体制、科技成果转换、科技奖励、国际科技合作等领域出台多项法规和政策，《中华人民共和国科技进步法》《科技体制改革三年攻坚方案（2021—2023年）》等法律和政策文件，充分体现了科技创新在党和国家发展中的重要地位和作用。政府与企业是国家实现科技自立自强的重要推动力。在科技政策的实施过程中，要充分发挥政府的引导推动作用和市场的基础性作用，具体说来主要有以下两个方面。

一要发挥政府在科技政策实施中举足轻重的作用。政府虽然不是科技自立自强的主体，却是推动科技自立自强的重要力量。政府要大范围、深程度支持企业参与国家创新决策的制定过程。通过落实支持企业开展前瞻布局基础前沿研究、开展未来产业科技园建设试点、落实支持科技创新税收优惠政策、建立金融支持企业科技创新体系常态化工作机制，引导企业加大科技创新投入。为支持更多的企业投入基础研究、技术创新、产业化创新，政府要发挥好自身在关键核心技术攻关中的组织作用。要充分发挥我国集中力量办大事的制度优势，对于具有前瞻性、战略性的国家重大科技项目，例如，人工智能、量子信息、集成电路、脑科学、生物育种、空天科技等前沿领域，政府要在紧盯攻关目标、统筹资源发挥其最大效能、突出重大研发任务落实等关键环节上下大功夫、下大力度，打好打赢关键核心技术攻坚战。

二要以市场为导向推动科技成果转化。近年来，国家密集出台了大量激励成果转化、推动科技创新的改革措施，激发了全社会的创新活力。为了加速推进科技成果转化，创造更好的技术市场生存环境，必须充分发挥市场在资源配置中的决定性作用。不论是围绕某一核心技术成果开发产品，还是将技术用于改进产品、提升服务，都要通过市场手段，发挥市场对技术研发、路线选择、要素价格等方面的导向作用，让技术成为市场要素自由流通，从而提升技术创新端和产品供给端的配合程度，推动产业发展。在科技成果转化的链条上，要建立起以企业为主体，市场为导向，产学研深度融合的技术创新体系，即在市场环境中，企业要通过体系化布局、全链条部署，健全产学研成果对接和产业化机制，加快科研院所的科技成果产业化进程，完善企业成果转化激励约束机制等一系列举措，推进企业技术创新。

第三，将统筹自主培养与人才引进作为科技政策的新重点。当今世界围绕科技制高点的人才竞争不断加剧，像关键核心技术一样，掌握硬核科技的高精尖紧缺人才买不来、讨不来，要在加大力度面向世界引进人才的同时，更加注重自主培养人才。自主培养人才和高层次引进人才的平衡发展，能够为我国科技自立自强奠定可靠、坚实的人才基础。

一方面，要全面提高科技人才自主培养质量。充分发挥我国高等教育体系的规模优势、党管人才的体制优势、人才队伍积累的基础优势，依靠自主培养，牢牢掌握住科技人才队伍发展的主导权。一要以高质量教育推动科技人才培养。教育是人才自主培养最重要的依托，人才的竞争实质上就是教育质量的竞争。高等院校要创新人才培养模式，优化学科布局，调整专业结构方向，要围绕国家战略需求和"卡脖子"的技术领域、聚焦科技创新核心领域、聚焦全面建设社会主义现代化国家的事业需要开展人才培养。二要发挥政府对提高科技人才自主培养质量的重要作用。加大政府对科技人才自主培养的顶层设计与统筹协调，将人才自主培养的目标与措施纳入政府规划、政策实施中，积极出台科技人才评价改革，科技人才激励机制等配套机制，提高科技人才获得感。三要加大对高端青年科技人才的自主培养力度。把青年科技领军人才、青年科技骨干人才作为培养重点，通过推进国家重点研发计划、青年科学家项目等，出台政策鼓励使用青年人才，最大限度激发其成才潜力与创新活力。

另一方面,要构建开放多元的科技人才引进体系。在经济全球化大背景下,跨国流动的高端科技人才推动着先进技术的共享、传播和使用,改变着各国的科技产业发展前景,他们作为重要的创新资本和稀缺资源,成为世界各国竞相争夺的对象。为此,政府要秉持"聚天下英才而用之"的思想观念,推行开放多元的人才吸引政策。一要统筹推出优化科技人才引进的法规政策。在实行积极、开放、有效的人才政策基础上,要制定外国科技人才来华工作积分评估政策、完善引进人才的工作许可制度、完善外籍人才准入政策等相关配套政策法规,构建具有国际竞争力的人才制度环境。二要构筑信息共享的数字化科技人才平台。完善整合科技发展领域国外人才相关数据库,构建集信息存储、沟通联络、信息发布为一体的网络平台,从而实现科技人才引进全领域、全过程的数字化、信息化。充分利用平台,大力开展科技领域各层级国际人才交流活动,以期早日实现我国科技高水平自立自强。

五、社会政策要兜牢民生底线

制定和实施社会政策的目标之一在于满足民生需要。坚持以人民为中心的发展思想,聚焦社会救助,实现弱有所扶、困有所助、难有所帮,切实兜住兜牢基本民生保障底线,有助于保障全体人民共享发展成果,增强人民的获得感、幸福感、安全感,从而实现全社会的共同富裕。

2022年国家财力兜底百姓民生。在 2022 年全国一般公共预算支出中，教育支出占比为15.5%，社会保障和就业占比为14%。[1]为健全社会保障体系，我国稳步实施企业职工基本养老保险全国统筹，适当提高退休人员基本养老金和城乡居民基础养老金最低标准。支持健全分层分类的社会救助体系，切实保障困难群众基本生活。

2023年，国家在加强基本民生保障的同时，将更加注重民生政策措施的有效性和可持续性，确保民生支出与经济发展相协调，与财力状况相匹配，不断把民生红利落到实处，让民生保障延伸到未来。为此，要着重从以下5方面发力。

第一，建设高质量教育体系。教育是国之大计、党之大计。党的二十大报告指出："坚持以人民为中心发展教育，加快建设高质量教育体系，发展素质教育，促进教育公平。"当前，我国基础教育站在了新的发展阶段上，为人民提供更高质量的基础教育，成为新时代建设高质量教育体系的必然要求。学前教育是高质量教育体系的起始环节，国家要把发展学前教育作为提高民生福祉的重要抓手。支持扩大普惠性学前教育资源供给，特别是在农村地区、城镇新增人口地区增加幼儿园数量，鼓励新建、改扩建一批公办幼儿园，扩增普惠性学位资源，努力提高学前教育公共服务水平。义务教育是教育工作的重中之重。健全教育城乡发展一体化发展，要继续增加对地方教育转移支付规模，完善城乡统一、重在农村的义务教育经费保障机制。全面开展标准化学校建设，经费、师资、设施配备要进一步向乡镇学校倾斜，给予乡村学校更高水平的资源配置标准，促进"城乡一体"，加

---

[1] 参见《2022国家账本——践行"人民至上"理念 国家财力兜底百姓民生 一系列和百姓密切相关支出不断增长》，央视网2022年3月12日。

快城乡教育共同体建设。普通高中教育是高质量教育体系的重要组成部分。国家实施的高中改造计划和教育基础薄弱县普通高中建设计划，带动地方各级政府进一步加大对学校建设的投入，不但改善了学校办学条件，还进一步提升了学校信息化水平。为适应时代发展，国家要加快推进高校教育的数字化、信息化建设，大力实施教育数字化战略行动，助力培养数字经济时代各行业各领域的高级专业人才。

第二，提高医疗卫生服务能力。人民至上，生命至上，党和国家始终把人民群众的生命安全和身体健康放在首位。随着经济社会的发展，人民群众对医疗卫生服务的要求不断提高，国家通过多种有效措施，构建优质高效的整合型医疗卫生服务体系，满足人民群众对健康的需求。一是提高医疗卫生服务人才队伍的数量和质量。优化结构和布局，合理布局国家、省（市）、区（县）各级医疗服务机构，打牢基层医疗卫生服务根基，规范民营医院发展。二是细分和落实各级各类医疗卫生机构功能定位。探索各级各类公立医院高质量发展的路径，推进医疗体系之间、医疗体系和公共卫生机构、养老机构之间的深度协作。三是提高医疗服务质量，全面提高公共卫生服务能力。充分运用信息技术开展远程医疗，为人民群众提供更方便、更舒心的医疗服务。四是健全公立医院质量管理和运行管理体系，帮扶基层医疗卫生机构服务能力提升。五是健全多渠道筹资机制，加大政府投入力度，支撑服务体系的可持续发展。2022年我国在原有基础上继续提高城乡居民医保筹资标准，居民医保参保缴费补助力度每人每年不低于610元，同步个人缴费标准提高到每人每年350元。中央财政继续对地方实施分档补助，对西部、中部地区分别按照人均财政补助标准80%、60%的比例给予补助，对东部地区各省份分别按一定比例给予

长风破浪未来可期的 中国经济

被誉为"最美乡村小学"的浙江省淳安县富文乡中心小学

补助。总之，要最大限度满足群众就医和提升应对突发公共卫生事件的能力和水平，解决群众看病就医难题，走出一条中国特色卫生健康事业改革发展之路。

第三，健全社会保障体系。健全社会保障体系能够增进民生福祉、提高人民生活品质、实现人民对美好生活的向往。党的二十大报告提出，要"健全覆盖全民、统筹城乡、公平统一、安全规范、可持续的多层次社会保障体系"。一要健全社会保障体系。加快推进企业职工基本养老保险全国统筹，统一城乡居民基本养老保险制度，实现机关事业单位和企业养老保险制度并轨，建立企业职工基本养老保险基金中央调剂制度。二要推进养老保险体系建设。我国实行多层次、多支柱养老保险体系，以"城镇职工＋城乡居民"两大养老保险制度平台为基础发挥保基本、兜底线作用，以企业年金和职业年金制为补充，以个人储蓄性养老保险和商业养老保险满足更高养老需求。我国现有的养老保险体系，能够合理划分各方养老责任、提升退休人员养老待遇水平、发挥政府和市场双重作用，促进经济发展。三要保障好因疫因灾遇困群众、老弱病残等特殊群体的基本生活。国家有关部门要主动开展救助，及时解决特殊群体困难。建立特殊困难群众探访工作机制，常态化开展特殊困难群体探访工作，对分散供养特困人员、生活困难低保户、孤儿及事实无人抚养儿童、残疾人等群体巡查探访，了解特殊困难群众基本生活情况，及时解决他们的困难。对符合救助条件的困难家庭或个人，第一时间将其纳入社会救助保障范围，让困难群众的获得感、幸福感和安全感更加充实、更有保障、更可持续。

第四，持续改善生态环境质量。人民对美好生态环境的向往，伴随着经济社会的快速发展而日益提升。美好生态环境，能够为人民群众提供更多更优质的生态产品，为社会发展营造更好的营商环境。持续改善生态环境质量，要着重做好以下几个方面的工作。一要着重加快实施山水林田湖草沙一体化保护和修复工程。我国当前生态工程仍是以单类生态系统的保护和恢复为主，山水林田湖草沙一体化保护和修复机制的构建并不完善。着眼于全面建设社会主义现代化国家的要求，国家对今后一段时期重要生态系统保护和修复工作进行了系统谋划，在坚持改革和创新的原则下，提出了实施全国重要生态系统保护和修复重大工程的总体思路和具体举措。政府相关部门要在深刻认识全国重要生态系统保护和修复工程重要意义的基础上，切实增强工作的责任感和使命感，严格履行职责，充分发挥好国家和地方的资源优势，因地制宜，严格按照时间节点科学有序施工，注重保护修复的系统性和完整性，发挥项目良好的生态效益和经济效益，让绿色成为高质量发展的鲜明底色。二要高质量推进国家公园建设。推进国家公园建设是美丽中国建设的需要，也是维护国土生态安全的需要。要秉持绿色发展理念建设国家公园。一方面，坚持生态优先，强化对自然生态系统的原真性和完整性的保护；另一方面，走出一条生态保护与绿色发展相融合，顺应人与自然和谐共生的新路径。通过建立统一的国家公园管理体制，发挥典型引路的作用，逐步推广有益做法，推动国家公园建设工作提质量、上水平。三要坚持打好蓝天、碧水、净土保卫战。推动经济社会发展绿色化、低碳化是实现高质量发展的关键环节。要从保障国家生态安全大局出发，深入推进环境污染防治，持续深入打好蓝天、碧水、净土保卫战，涵养绿水青山，推动经济发展方式绿色转型，实现人们生产生活方式绿色转型，促进社会发展的全面绿色转型。到2035年实现生态环境根本好转、实现美丽中国的目标。

第五，坚决兜住基层"三保"底线。民生关乎民心，基层关乎根基。保基本民生、保工资、保运转，是事关群众切身利益的基本要求，也是维护社会稳定的前提条件。兜牢"三保"底线要切实落实"分级负责制"，即"县级为主、市级帮扶、省级兜底、中央激励"制度。中央财政要始终将基层"三保"作为预算安排的重中之重，加大对地方转移支付，特别是要向中西部地区倾斜、向县乡基层倾斜。建立常态化财政资金直达机制，通过发挥财政直达资金一竿子插到底的作用，各地将资金第一时间下发给基层，确保资金支付及时顺畅、发挥效益。在保障财力支持的同时，各地严控非刚性、非重点支出，在节支之外，地方财政还要设法盘活存量资金，集零为整，提高财政统筹能力，聚力支持民生保障。要推进预算管理一体化系统建设，完善"三保"财政资金管理的长效机制，借助技术手段以制度来管人、管事、管资金，让每笔民生资金轨迹来源清晰、账目可查。要强化对财政资金的监督管理，各地要通过监控执行过程、落实支出责任考核等方式提高财政资金使用效益，善用财政资金撬动社会资本，参与公共基础设施建设和运营服务，让财政资金集中力量兜牢"三保"底线，保障基层更好运转。

第九章

推进城乡融合和区域协调发展

中国式现代化是全体人民共同富裕的现代化，全体人民实现共同富裕是一个长期性、复杂性、艰巨性的长远目标，地区差距、城镇和农村之间的失衡问题仍然是发展不平衡不充分的重要体现。在新征程上如何更好地推进城乡融合和区域协调发展，不仅关乎经济发展、效率提升，而且牵动共同富裕、社会公平，对于把握新发展阶段、贯彻新发展理念、构建新发展格局，推动高质量发展更是具有十分重要的意义。

一、坚持农业农村优先发展

党的二十大报告提出："全面建设社会主义现代化国家，最艰巨最繁重的任务仍然在农村。"对于一个国家而言，没有实现农业农村的现代化，就不能说实现了现代化。在整个现代化的进程中，现代化的成败在一定程度上与工农关系、城乡关系有着密切的联系。

从世界各国现代化历史来看，英美等发达国家在城市化推进的过程中，比较重视中小城镇建设，注重协调发展。例如，美国就走了一条推动农工协调发展的城市化道路。美国是一个从农业农村起步的国家，虽然工业化起步晚于欧洲，但是其城市化进程的推进突飞猛进。美国的工业化是从棉纺织业开始的，这种工业化的特点使农业等基础产业发展迅猛，农业的快速发展反过来又刺激了工业的发展，农工协调发展推动了美国工业化的发展，从而加速了国家现代化的建设。日韩等工业后发达国家由于在工业化和城市化进程中注重对农业农村的扶持，积极推动农业农村现代化，使其工业化和城镇化发展不比前现代化国家逊色。但同时，我们也要看到，历史上有不少国家陷入"中等收入陷阱"的重要原因就是没有处理好工农关系、城乡关系，农业农村发展步伐慢、跟不上，城市贫民窟成为大量失业农民的"避难所"，乡村和乡村经济走向凋敝，工业化和城镇化步入困局，甚至出现社会动荡。由此可见，在人类社会现代化历史进程中，能否处理好工农关系、城乡关系在一定程度上决定着现代化的成败。

长期以来，我们党始终把"为中国人民谋幸福，为中华民族谋复兴"作为自己的初心和使命，在革命、建设、改革的各个历史时期，与时俱进地深化对工农关系、城乡关系的认识和把握，不断推动着中国现代化的发展。习近平总书记深刻指出："在现代化进程中，城的比重上升，乡的比重下降，是客观规律，但在我国拥有近14亿人口的国情下，不管工业化、城镇化进展到哪一步，农业都要发展，乡村都不会消亡，城乡将长期共生并存，这也是客观规律。"[1] 这段重要论述表明，在拥有14亿多巨大人口规模的中国，农村人口比重较大，如果没有农业农村现代化，中国式现代化是不会成功的。这一基本国情就决定了中国式现代化必须同步推进工业化、信息化、城镇化和农

---

[1] 习近平：《把乡村振兴战略作为新时代"三农"工作总抓手》，《求是》2019年第11期。

业农村现代化。

党中央在推进工业化、城市化进程中，始终坚持"三农"的基础地位不变，坚持将解决好"三农"问题作为全党工作的重中之重，提出了坚持农业农村优先发展这一总方针，并配套出台一系列行之有效的政策措施推动我国农业农村快速发展，努力让广大农民平等参与现代化进程、共同分享现代化成果。在这个过程中，我们如期打赢脱贫攻坚战。到2020年底，在中国现行标准下，我们完成了消除绝对贫困的艰巨任务，保障了农村贫困人口和地区在现代化进程中不掉队。从2021年数据来看，农村居民人均可支配收入名义增长和实际增长分别为10.5%、9.7%，分别快于城镇居民2个以上百分点，城乡居民收入差距缩小的趋势一直在持续。[1]

当然，农业农村现代化不仅是"物"的现代化，还表现为"人"的现代化，同时还包括乡村治理体系和治理能力的现代化。这些年，随着乡村振兴战略实施推进，乡村经济、乡村法治、乡村文化、乡村治理、乡村生态、乡村党建全面加强，乡亲们的生活可谓芝麻开花节节高，农业逐渐成为越来越有奔头的产业，农村在越来越多人的心中成为适宜安居乐业的美丽家园。例如，近年来，多省市为了更好地推动乡村旅游高质量发展，充分挖掘乡村多元价值，积极盘活乡村存量资产，有效整合闲置农房、闲置宅基地、山林农田等资源，借力社会资本，因地制宜发展生态旅游，打造绿色康养等兴业富民多元业态，形成了美丽乡村建设新格局。浙江省江山市大陈村就是"美丽乡村"

---

[1] 参见常倩、周慧、胡向东：《坚持农业农村优先发展 全面推进乡村振兴》，光明网2022年11月21日。

在福建省屏南县,四坪、龙潭、漈下等传统古村落通过与文创、文旅结合,已经从过去深藏于闽东崇山峻岭之中的"老区基点村""空壳村",华丽转变为当地闻名遐迩的"文化创意"古村落、乡村旅游的网红打卡地,焕发勃勃生机。图为游客在龙潭村参观游览

中新图片 / 王东明

转化为"美丽经济"的一个典型。该村围绕孝文化故事"大陈面"创作了歌曲《妈妈的那碗大陈面》,并延伸出了微电影、舞台剧、音乐剧、婺剧、越剧等多种版本,形成了大陈村的品牌文化,游客慕名而来。得益于村歌的品牌效应,大陈村各项产业陆续振兴,仅大陈村的大陈面年产量就达 2000 吨,产值 800 万元,引得村里的年轻人纷纷回乡创业。重庆市彭水苗族土家族自治县庙池村,发展起 15 项特色产业,引导农户就近务工,实现每户年均增收 1 万余元。村里还充分发挥生态优势,积极探索发展山地现代农业,形成了以种植蔬菜、水果为主,栽培中药材为辅,乡村旅游为延伸的特色产业发展模式。山东省五莲县洪凝街道红泥崖村近年来通过修建街道硬化"巷巷通""口袋"停车场等基础设施,着力改善农村人居环境,乡村成为乡亲们的美丽幸福家园。因此,总体来看,这些年农业农村发生的历史性变革,"三农"工作发展取得的历史性成就,为确保经济持续健康发展、社会大局稳定发挥了巨大的作用。

在看到成绩的同时,我们也不能忘记,在我国现代化过程中,农业农村现代化仍是国家现代化的短板,城乡发展不平衡仍然是我国发展最大的不平衡,农村发展不充分仍然是我国发展最大的不充分。目前来看,虽然我国农业增加值在国民经济总量中的比重已接近工业化国家平均水平,但农业农村发展步伐还跟不上工业化、城镇化的步伐,"一条腿长、一条腿短"的问题比较突出。我国农村在道路交通、环保治理、供水供电等基础设施的现代化水平上明显落后于城镇,农业科技投入强度与全行业相比,仍存在较大差距,农业基础性前沿性研究短板突出,城乡之间在教育、社保、医疗卫生等公共服务方面的差距依然很大。因此,坚持农业农村优先发展,尽快补齐农业农村短板，是加快破解不平衡不充分的发展难题的重要举措，对于全面建设社会主义现代化国家和实现第二个百年奋斗目标具有全局性、历史性的重要意义。为此，要从两方面着手，努力实现农业农村优先发展。

第一，要树立农业农村优先发展的理念，在政策上支持农业农村优先发展。党的二十大报告明确要求："坚持农业农村优先发展，坚持城乡融合发展，畅通城乡要素流动。"党中央提出坚持农业农村优先发展，主要针对的是一些地方在经济发展过程中存在明显的重工轻农、重城轻乡思想，对农业农村发展缺乏手段和措施，将主要精力和资源都投放在工业发展和城市建设上。强调在新征程上，必须贯彻落实好农业农村优先发展的理念，切实把"三农"工作放在首要位置，在政策支持上切实做到农业农村优先发展。要进一步完善农业补贴政策，调整农业补贴方式，增强补贴的指向性和精准性；进一步按照城乡融合和一体化的要求，加强农村基础设施和公共服务设施建设，促进农村产业振兴，实现城乡基本公共服务均等化；进一步加强对粮食主产区、粮食适度规模经营、耕地地力保护、绿色生态农业、农民收入的补贴力度等。

第二，要推动体制机制创新，推动要素自由流动，实现城乡融合发展。在引导全社会资源投向农业农村方面，要整合中央和地方政府力量，健全政府投入保障机制，促使社会资本更多投向乡村振兴领域，激活内生动力，提升造血能力。在夯实乡村振兴人才基础方面，要持续推进体制机制创新，推动劳动力市场由"农民进城"向"人才下乡"转变。在加强要素自由流动和平等交换方面，要破除城乡要素自由流动制度壁垒，进行全盘考虑，将全国范围内的要素作为一个整体梯次推进分配，引导优势资源要素更多地向农村地区、农业产业流动。在强化乡村振兴科技方面，要完善投入保障机制，促使农业基础科研投入水平、农业科技投入强度、稳定性支持水平、企业研发投入水平与全国相应水平基本保持一致。要创新科技下乡体制机制，鼓励和引导科技人员下乡，为农业农村优先发展提供强大的科技支撑；在现代生物技术、装备技术、绿色技术、数字技术等关键领域和薄弱环节聚焦用力，增强农村科技创新政策供给，完善科技创新及成果转化体系。

二、加快建设农业强国

2022年12月，习近平总书记在中央农村工作会议上指出："农业强国是社会主义现代化强国的根基，满足人民美好生活需要、实现高质量发展、夯实国家安全基础，都离不开农业发展。"这一重要思想表明，只有不断加快建设农业强国才能更好地提高农业综合效益和竞争力，才能更好地全面推进乡村振兴战略的实施，才能更好地满足人民美好生活需要，为全面建设社会主义现代化国家提供基础支撑。

党的十八大以来，我们党带领全国人民打赢了脱贫攻坚战，实现了近1亿农村贫困人口脱贫，全面建成了小康社会，圆满完成了第一个百年奋斗目标。农业生产保持稳中有进，农业综合生产能力显著增强，谷物总产量稳居世界首位。2022年中国粮食总产量达13730.6亿斤，连续8年稳定在1.3万亿斤以上。[1]目前，中国人均粮食占有量达到483公斤，远超国际公认的粮食安全线400公斤，做到了口粮绝

---

[1] 参见《2022年全国粮食产量稳中有增——国家统计局农村司司长王贵荣解读粮食生产情况》，国家统计局网站2022年12月12日。

对安全；严格耕地保护责任，加强耕地用途管制。这些年，我们不仅守住了 18 亿亩耕地红线，而且将重要农产品生产保护区、10.58 亿亩粮食生产功能区划定落实到省、到县、到地块，累计建成 9 亿亩高标准农田，启动实施了国家黑土地保护工程[1]；我国农业现代化建设迈上新台阶，农业发展向创新驱动转变，物质技术装备条件较以往有了明显改善，科技成为农业农村经济增长的重要驱动力，农作物耕种收综合机械化率超过 72%，农业科技进步贡献率达 61%[2]；加强和改进乡村治理，发挥农村基层党组织战斗堡垒作用；农村改革试验区聚焦重点领域，大胆试验、积极探索，啃下难啃的"硬骨头"，为农村改革带来了不少可复制、可推广的经验。正如习近平总书记所指出的："从世界百年未有之大变局看，稳住农业基本盘、守好'三农'基础是应变局、开新局的'压舱石'。对我们这样一个拥有 14 亿人口的大国来说，'三农'向好，全局主动。"

向前看，未来一个时期，在供给保障方面，伴随城乡居民食物消费结构不断升级，粮食等重要农产品需求仍呈刚性增长态势，今后农产品保供，既要保数量，也要保多样、保质量。当前，虽然我国粮食等重要农产品供给总体是有保障的，但粮食供求仍呈紧平衡，新冠疫情冲击和地缘政治冲突使这一问题更为突出，保障国家粮食安全压力将更大、任务会更重。在农业科技创新方面，近年来，虽然我国农业科技创新能力稳步提高，但核心种源、关键装备等领域还存在一定差距。在设施装备配套方面，经过多年的努力，我国农业基础设施明显

---

[1] 参见陈晨：《乡村振兴战略实施取得积极进展》，《光明日报》2022 年 6 月 28 日。
[2] 参见《国家发改委：2021 年农业科技进步贡献率达到 61%》，中国新闻网 2022 年 9 月 28 日。

改善，但农业机械装备仍有短板，高标准农田建设水平还不高，仓储冷链物流设施建设依然滞后。在产业链条方面，我国产业链条较短、综合效益不高，农产品加工业产值与农业总产值之比为2.5∶1，低于发达国家的3∶1—4∶1。在资源利用方面，我国农业绿色发展近年来取得重要进展，但水土资源环境约束仍然趋紧。

全面建设社会主义现代化国家，最艰巨最繁重的任务仍然在农村。察大势，观大局。最艰巨最繁重任务的科学破题，就是要"立足我国国情，立足人多地少的资源禀赋、农耕文明的历史底蕴、人与自然和谐共生的时代要求，走自己的路，不简单照搬国外现代化农业强国模式"[1]。所以，我们要准确把握建设农业强国的内涵特征和基本要求，走一条中国特色农业强国道路。这就要求我们在农业强国建设过程中，以供给保障安全可靠为重要基础，树立大食物观，健全粮食流通体系，增强储备调控能力，确保把中国人的饭碗牢牢端在自己手中；以科技创新自立自强为根本动力，加快以种业为重点的农业科技创新，不断提高劳动生产率、土地产出率和资源利用率，走一条主要依靠科技进步支撑的发展之路；以设施装备配套完善为物质支撑，加强农田水利建设，加快推进农业机械化、设施化、智能化，弥补水土资源先天不足；以产业链条健全高端为突出标志，立足农业农村特色资源优势，并将其转化为产品优势、产业优势；以资源利用集约高效为内在要求，加快形成绿色低碳生产生活方式，推进生态产业化、产业生态化，走资源节约、环境友好的可持续发展道路；以国际竞争优势明显为建设农业强国的题中应有之义，要统筹利用好国内国际两个

---

[1]《锚定建设农业强国目标　切实抓好农业农村工作》，《人民日报》2022年12月25日。

市场两种资源,加快培育农业国际竞争新优势。

建设农业强国是一项长期而艰巨的历史任务,将贯穿全面建设社会主义现代化国家的全过程。这就要求我们做到:

第一,必须将保障粮食和重要农产品稳定安全供给始终作为头等大事。耕地是农业生产的根,是中华民族永续发展的根基。要抓住耕地和种子两个要害,实行最严格的耕地保护制度,坚决守住18亿亩耕地红线。严格落实耕地利用优先序,构建耕地用途管控法律、政策、技术体系,确保永久基本农田重点用于粮食生产,耕地主要用于粮食、蔬菜和棉油糖等农产品及饲草饲料生产,高标准农田原则上全部用于粮食生产。把种业振兴行动切实抓出成效,把永久基本农田全部建成高标准农田,把当家品种牢牢攥在自己手里。要树立大食物观,构建农牧渔结合、粮经饲统筹、植物动物微生物并举的多元化食物供给体系,并通过考核、监督,让各地真正把保障粮食安全的责任扛起来。

第二,必须推动农业产业全链条升级。党的二十大报告指出,发展乡村特色产业,拓宽农民增收致富渠道。这些年,各地积极培育特色优势产业,让广大农民挑起了"金扁担"。数据显示,我国农产品加工流通业加快发展,近10年来累计建成15.6万座初加工设施、5万多个产地冷藏保鲜设施,农产品加工转化率达70.6%。乡村休闲旅游业稳步发展,全国休闲农庄、观光农园、农家乐等达30多万家,年营业收入超过7000亿元。乡村新产业新业态蓬勃发展,各类涉农电商超过3万家,依托乡村特色资源,因地制宜发展特色鲜明的乡土产业。大力推进农村一二三产业融合发展,累计创建140个优势特色产业集群、250个国家现代农业产业园、1300多个农业产业强镇、

3600多个"一村一品"示范村镇,打造了一批乡土特色鲜明、主导产业突出、质量效益较高的乡村产业发展高地。[1]与此同时,我们也要看到,目前,我国农业产业链条较短、综合效益不够高的短板仍然存在。对此,在推进农业产业全链条升级的过程中,要落实产业帮扶政策,切实做好"土特产"文章,以拓展农业多种功能、发掘乡村多元价值为方向,向一二三产业融合发展要效益。通过加强农产品产地仓储保鲜冷链物流设施建设,加速农村电子商务发展。通过依托田园风光、乡土文化、民俗风情等资源优势,发展田园养生、研学科普、民宿康养等休闲农业新业态,做优乡村休闲旅游业。通过推进农业现代化示范区创建,建设现代农业产业园、农业产业强镇、优势特色产业集群等,加快产业融合发展。要坚持把增加农民收入作为"三农"工作的中心任务,巩固拓展脱贫攻坚成果,千方百计拓宽农民增收致富渠道。

第三,必须依靠科技和改革双轮驱动加快建设农业强国。要以基础性、战略性、原创性重大农业科技突破带动农业科技整体创新能力跃升,推动农业科技由跟跑、并跑向领跑跨越。建设农业强国,实现科技创新的自立自强,必须不断加快以种业为重点的科技创新,实现种业科技自立自强、种源自主可控;不断加强农业战略科技力量建设,推进农业关键核心技术攻关突破;发挥新型举国体制优势,整合优势科研资源,增强企业科技创新主体地位,构建梯次分明、分工协作、适度竞争的农业科技创新体系;实施农机装备补短板行动,强化农机装备工程化协同攻关,整体提升种养加、农牧渔等各环节机械化

---

[1] 参见陈晨:《耕耘不辍,阔步迈向农业强国》,《光明日报》2022年12月1日。

水平；大力发展现代设施农业，积极探索植物工厂、垂直农场、数字田园和智慧农场，加快现代寒旱农业、戈壁生态农业发展，推进空间立体利用，拓展农业生产可能性边界。深化农村改革，必须继续牢牢抓住农民和土地关系这条主线，把实现农民集体成员权利同激活资源要素保障和强化集体所有制根基统一起来，搞好农村集体资源资产的权利分置和权能完善，让广大农民确实在改革中分享更多成果。

第四，必须将建设宜居宜业和美乡村作为农业强国的题中应有之义。以习近平同志为核心的党中央强调，要牢记亿万农民对革命、建设、改革作出的巨大贡献，把乡村建设好，让亿万农民有更多获得感。党的十八大以来，农村生产生活条件已有很大改善，乡村面貌焕然一新。城乡一体化建设使农村成为现代生活的重要承载地。建设宜居宜业和美乡村，涉及农村生产生活生态各个方面，涵盖物质文明和精神文明各个领域，因此其目标任务是全方位、多层次的，必须实现乡村由表及里、形神兼备的全面提升。要紧盯"农村基本具备现代生活条件"的目标，加快防疫、养老、医疗、教育等方面的公共服务设施建设，提升乡村基础设施完备度、公共服务便利度、人居环境舒适度。要加强农村精神文明建设，加强法治教育，推进移风易俗。要改进和完善党组织领导的自治、法治、德治相结合的乡村治理体系，使农村既充满活力又稳定有序。

第五，必须坚持党领导"三农"工作原则不动摇，健全领导体制和工作机制。我们要打造一支政治过硬、适应新时代要求、具有领导农业强国建设能力的"三农"干部队伍。我们要引进大量人才，有序引导农民工返乡、大学毕业生到乡、能人回乡、企业家入乡，帮助他们解决后顾之忧，让其愿意留在农村，在农村创业。我们要健全村党组织领导的村级组织体系，切实把农村基层党组织建设成为有效实现党的领导的坚强战斗堡垒。

第六，必须推进农业对外合作全方位展开。农产品在国际市场竞争优势明显，有较强的产品定价权、规则制定权、资源掌控权，是一个国家农业综合实力的直观体现。我们可以通过优化农产品贸易布局，采取农产品进口多元化战略，加大优势特色农产品出口，创新发展农业服务贸易，推动农业国际贸易高质量发展。通过加强与共建"一带一路"国家和地区多双边农业合作，稳步提升对外农业贸易投资水平。通过积极参与全球粮农治理，深化农业对外交流合作，与他国共同制定国际标准规则，增强我国农业国际影响力。

三、发展新型农村集体经济

党的二十大报告指出："巩固和完善农村基本经营制度，发展新型农村集体经济，发展新型农业经营主体和社会化服务，发展农业适度规模经营。"正确认识农村集体经济和推动新型集体经济壮大，不仅有利于农业农村集体经济高质量发展、稳定农业农村基本盘，对实现农村改革和乡村治理现代化、全面推进乡村振兴，实现城乡共同富裕具有重要的意义。

农村集体经济是我国社会主义公有制经济的重要组成部分。新中国成立后，我国农村集体经济经历了多次产权制度改革，通过实现形式的不断创新，农村集体经济表现出韧性十足的发展动力。改革开放以来，农村集体经济快速发展。1978年，我国乡镇企业产值还不到农村社会总产值的1/4，乡镇企业中的工业产值在全国工业总产值中的比重为9.1%。1987年，乡镇企业产值高达52.4%，成为农村经济的"半壁江山",首次超过农业总产值。[1]1992年,乡镇企业中的工业产值在全国工业总产值中的比重达到了36.8%,实现了名副其实的"三分天下"。农民收入持续增长,扶贫开发成效显著。农村贫困发生率从1978年的30.7%下降到2007年的1.6%。党的十八大以来,在一系列政策和措施的激励和引导下,推动集体经济发展的动力日益增强,我国集体经济进一步发展壮大。从2013年中央农村工作会议肇始,以习近平同志为核心的党中央就"三农"问题、"三农"工作提出了一系列新理念新思想新战略。之后党的十八届三中全会、五中全会以及多个中央一号文件,都高度重视农村集体经济发展。例如,就农村集体经济中的集体产权问题,2016年12月,中共中央、国务院发布的《关于稳步推进农村集体产权制度改革的意见》正式将农村集体产权制度改革试点向全国推开,改革的成效让农民群众有了更多实实在在的获得感和幸福感。

随着时代的发展,农民对集体经济的需求不断增加,村集体推进集体经济发展的物质条件日益提升、主观能动性不断增强,农村集体经济需要进一步发展壮大。顺势而为,党的十九大报告首次提出实施乡村振兴战略,把壮大集体经济作为一项重要举措。2021年中央一号文件提出,要基本完成农村集体产权制度改革阶段性任务,发展壮大新型农村集体经济。党的二十大报告进一步明确,要发展新型农村集体经济。

所谓新型农村集体经济,是指在农村地域范围内,以农民为主

---

[1] 参见国家统计局:《新中国50年系列分析报告之六:乡镇企业异军突起》,国家统计局网站1999年9月18日。

体，相关利益方通过联合与合作，形成的具有明晰的产权关系、清晰的成员边界、合理的治理机制和利益分享机制，实行平等协商、民主管理、利益共享的经济形态。那么，新型农村集体经济新在哪里呢？新在产权明晰、成员清晰、权能完整等方面，而不是传统"一大二公"的农村集体经济。从实现形式来看，与传统的村级集体所有制经济主要采取共有产权、共同劳动和共同收益的组织形态相比，新型农村集体经济不仅包括改造后的农村集体所有制经济，还包括公有产权和私有产权联合的混合型集体经济和基于私有产权形成的合作制和股份合作制经济。从联合方式来看，新型农村集体经济包括劳动者的劳动联合，以及劳动与资本、技术、管理等联合，这也不同于传统意义上的以劳动者的劳动联合为主的农村集体经济了。

新型农村集体经济的实现形式是多样的，近年来中央鼓励各地积极探索。目前，在北京、浙江、广东、江苏等发达地区，通过物业经营、抱团联合等方式壮大了集体经济实力。贵州、安徽、陕西等中西部地区，出现了资源变资产、资金变股金、农民变股东的混合所有制经济的实践案例。以浙江混合所有制经济探索为例，浙江德清县和宁波市奉化区滕头村为了更好发挥乡村旅游，与非集体资本合作形成了"保底收益型""资本运作型"农村混合所有制经济。2019年，德清县成立混合所有制的五四文化旅游实业有限公司，其成员包括文旅集团、五四村股份经济合作社和该村农户，三者联合起来，其中国有资金投入占股51%，集体资产资源投入占股39%，农户投资占股10%。在五四文化旅游实业有限公司的经营下，村集体实现了前两年每年获得保底收益100万元，以后每年200万元的保底收益，盈利超过部分根据股份再分红，农户根据所投入资金每年能够获得8%的固定收益。

浙江省宁波市奉化区滕头村内的"乡村让城市更向往"标语

中新图片／王刚

2015年2月，宁波滕头民间资本管理股份有限公司腾空出世，这是滕头村试水村集体经济打造的浙江省首个PPP投资平台。作为一个资本运作平台，该公司开展了"定向集合资金"和"应急资金转贷"两项业务，募集资金超过10亿元，成功将农村混合所有制经济推进到了以"管资本"为特征的高级形态。2021年，滕头村集体经营性收入达1.1亿元，社会生产总值达到125.7亿元，村民人均收入达7.5万元。

伴随试点工作的推开，农村集体经济发展取得一定成效，但也面临一些制约。例如，东部能大额分红的"亿元村"和西部集体经济中的"空壳村"同时存在，地区发展不平衡问题较为突出；不少农村经营性收入占比不高，很多资源利用率不高，一些农村对补助收入依赖性高，后期发展的可持续性不足，经营能力与投资能力有限，村集体经济能人效应未有效激活，存在乡村人才不足难题；一些地方农村集体经济组织对集体资产、资金、资源的管理还不够科学民主，导致农村混合所有制经济的实现范围不明、农村集体经济组织较弱、法人地位发育不成熟，同时，还存在着工商资本参与顾虑和政策限制、农村集体资产监管机制不健全等问题。有鉴于此，在共同富裕目标下推进新型农村集体经济发展，是对传统农村集体经济的全面改造升级，需要抓住以下两个着力点。

第一，党建引领，保持正确方向。在农村群体中，基层党组织成员是"关键少数"。每一个历史阶段农村集体经济发展都需要发挥"关键少数"的作用。建党初期，党组织动员党员到农村组建农民协会，后来还组建了农村合作经济组织，这些组织在党的领导下都发挥了巨大的作用。当前，在发展新型农村集体经济过程中，面对变化多端的市场风险，必须进一步发挥党建引领的核心作用来保障贫困群体的基本利益、保障我国粮食根本安全、保障实现共同富裕。通过选好配强领导班子和领导干部，完善集体经济的治理体系，用好驻村干部和党员下沉等制度，构建村集体与农民、企业等多方利益联合机制，建立健全集体成员的监督机制，完善激励考核机制，充分发挥党的领导、党的组织优势，保证农村集体经济发展的正确方向，发挥好集体经营的优越性。

第二，盘活整合资源，增强集体造血功能。以非农产业为主的新型农村集体经济，要充分利用好当地特色资源要素，融合现代市场理念，接力金融支持、人才支持与科技支持，积极探索多种发展经营模式。突破地域限制，整合优势资源，增强集体经济的造血功能。多措并举，促进乡村产业转型升级。以农业经营为主的新型农村集体经济，一方面要依据各地区集体经济组织所拥有的资源、资产和资本的数量与质量，以优势产业带动集体经济发展，实现一二三产业的深度融合，大力发展农业品牌，发挥农业规模效应，提高市场竞争力，促进乡村产业转型升级，提高农民的经济收入。另一方面要以"借鸡下蛋，以蛋孵鸡"的发展思路，继续促进一二三产业融合发展，鼓励延伸现有产业链和开发新农业产业链，提高产业持续盈利能力，促进新型农村集体经济增收。要依托大数据对集体经济专用账户进行无缝隙监督，加强财务管理，防范产业发展可能带来的风险。多元引育，壮大乡村发展人才队伍。想要促进新型农村集体经济的稳定发展，就必须发挥领导班子的模范带头作用，需要具有发展思维和专业技能的优秀人才。通过考察、选拔、培训等方式，打破传统内部选举的方式，跨领域、跨行业进行人才选拔。做好基层建设人员的培养工作，抓好当地农户职业技能培训，最大限度地发挥人才效应。注重本地"能人"的作用，积极吸引能为集体经济发展提供初期资本，又具备丰富市场经验的返乡企业家，从而确保其能够长久地为新型农村集体经济服务。

四、构建优势互补、高质量发展的区域经济布局和国土空间体系

促进区域协调发展，是实现全体人民共同富裕、全面建成社会主义现代化强国的必然要求与应有之义。对此，党的二十大报告明确提出："促进区域协调发展。深入实施区域协调发展战略、区域重大战略、主体功能区战略、新型城镇化战略，优化重大生产力布局，构建优势互补、高质量发展的区域经济布局和国土空间体系。"这一重大部署为我们未来一个时期推动区域协调发展、完善空间治理提供了根本遵循。

党的十八大以来，以习近平同志为核心的党中央站在新的历史方位上，准确研判区域经济发展新形势，用改革创新的思维，不断丰富完善区域发展战略思路，原创性地提出了一系列新理念新思想新战略，谋划、部署、实施了一系列重大战略、重大政策、重大举措，实现了区域经济发展和国土空间水平治理的不断优化提升，引领我国区域发展取得历史性成就、发生历史性变革。

第一，党中央通过一系列区域重大战略的实施，使我国正逐步形成全方位、多层次、多形式的区域联动格局。例如，推动京津冀协同发展是一个重大国家战略，其核心是有序疏解北京非首都功能，调整经济结构和空间结构，探索出一种人口经济密集地区优化开发的模

式，走出一条内涵集约发展的新路子，促进区域协调发展，形成新增长极。推动长江经济带高质量发展，坚持共抓大保护、不搞大开发，谱写生态优先绿色发展新篇章，使长江经济带成为我国生态优先绿色发展主战场。长三角区域一体化进程加快，政策协同、设施共建、产业合作、服务共享、分工合理的一体化格局逐步形成。粤港澳大湾区建设持续推进，有利于丰富"一国两制"实践内涵，为进一步密切内地与港澳交流合作发挥了重要作用。黄河流域生态保护和高质量发展扎实起步，污染防治、生态保护修复等领域重大工程深入实施。

第二，党中央高度重视重大区域发展战略，并通过一系列具体规划的实施，使我国区域主体功能区定位更加明确。在政策方面，覆盖全国和省级、陆域和海域的主体功能区规划发布实施，为实现各地区按比较优势发展提供了遵循。在配套政策体系方面，"9+1"的主体功能区配套政策体系基本建立，耕地和永久基本农田、生态保护红线、城镇开发边界"三区三线"划定基本完成。以国家公园为主体的自然保护地体系加快建立，已设立三江源、大熊猫、东北虎豹等首批国家公园。中心城市和城市群、农产品主产区、重点生态功能区、能源资源富集地区和边境地区进一步明确，各主体功能区保障能力进一步提升。

第三，在各方的共同努力下，我国新型城镇化建设取得一系列重大历史性成就。到2021年末，全国常住人口城镇化率达到64.72%、户籍人口城镇化率提高到46.7%，城乡居民收入比降至2.5，1.3亿农业转移人口和其他常住人口在城镇落户，农业转移人口市民化成效显著，城镇化空间布局持续优化，"两横三纵"城镇化战略格局基本形成。[1]随着"19+2"城市群主体形态更加定型,很多城市群加快一体化发展,一批跨省域、跨市域的现代化都市圈加速培育,新的增长极、动力源正在加快形成。中心城市辐射带动能力逐步增强,中小城市和县城活力显著提升,城镇规模结构持续优化。

第四,党中央高度重视区域发展的系统性、整体性和协调性,不断丰富完善共建园区、对口帮扶、转移支付、区际利益补偿等区域协调发展机制,统筹推进西部大开发、东北全面振兴、中部地区崛起、东部率先发展。在各方的共同努力下,区域发展协调性明显提升。中西部地区经济增速连续多年高于东部地区,中部和西部地区生产总值占全国比重分别由2012年的21.3%、19.6%提高到2021年的22%、21.1%,东部与中部、西部人均地区生产总值比分别从2012年的1.69、1.87下降至2021年的1.53、1.68,区域发展相对差距持续缩小。[2]民族地区谱写出民族团结进步的新篇章,革命老区振兴发展取得显著成效,边疆地区基础设施和公共服务大幅度改善。

但也要看到,我国区域发展出现了一些新情况新问题。区域经济发展分化态势明显,各板块内部也出现明显分化。数据显示,2020年,东北地区经济恢复相对较慢,东部地区则相对较为均衡,中西部地区增速分化更为明显。2021年,我国东部地区GDP总量为59.2万亿元,中部地区GDP总量约为25.01万亿元,西部地区GDP总量

---

[1] 参见《国家发改委印发〈2022年新型城镇化和城乡融合发展重点任务〉——提高新型城镇化建设质量》,《人民日报海外版》2022年3月22日。

[2] 参见胡祖才:《构建优势互补、高质量发展的区域经济布局和国土空间体系》,《经济日报》2022年11月9日。

约为 23.97 万亿元，东西之间的 GDP 总量差距依然明显[1]；东北、西北地区发展仍然相对滞后，部分区域发展面临较大困难，常住人口流失增大，部分城市特别是传统工矿区城市、资源枯竭型城市发展活力不足；发展动力极化现象日益突出，"大城市病"问题仍待进一步解决。农业基础还不稳固，生态环境保护任务依然艰巨，耕地保护和粮食安全还面临诸多挑战。促进区域协调发展的政策和机制还存在一些问题，需要在实践中进一步完善，部分地区的比较优势有待进一步发挥等。这些问题都需要我们在推动区域发展和空间治理中不断加以解决。

面对新情况新问题，在未来一个时期，我们要在党的十八大以来 10 年区域发展巨大成就的基础上，重点从深入实施区域协调发展战略、区域重大战略、主体功能区战略、新型城镇化战略 4 个方面聚焦用力，构建优势互补、高质量发展的区域经济布局和国土空间体系。

第一，深入实施区域协调发展战略，在发展中促进相对平衡。推进西部大开发形成新格局，要强化举措抓重点、补短板、强弱项，把握向西开放战略机遇，筑牢生态安全屏障，大力发展特色优势产业，强化基础设施规划建设，积极融入"一带一路"建设，推动形成大保护、大开放、高质量发展的新格局。推动东北全面振兴取得新突破，要从"五大安全"战略高度出发，通过深化重点领域改革、建设开放合作发展新高地、推动产业结构调整升级、构建高质量发展的区域动力系统、完善基础设施补齐民生短板，全力破解体制机制障碍，着力

---

[1] 参见国家统计局：《中华人民共和国 2021 年国民经济和社会发展统计公报》，《人民日报》2022 年 3 月 1 日。

激发市场主体活力,加快推动产业结构调整优化,走出一条结构更优、质量更高、效益更好、优势充分释放的发展新路。开创中部地区崛起新局面,要充分发挥中部地区连南接北、承东启西的区位优势,大力推动制造业高质量发展,在内陆开放上找出路,在全面建设社会主义现代化国家新征程中作出更大贡献。鼓励东部地区加快推进现代化。东部地区要积极发挥基础雄厚、创新要素集聚等优势,加快培育世界级先进制造业集群,壮大高质量发展动力源,提高科技创新能力,提升要素产出效率,持续推进消费升级,更多参与更高层次的国际经济合作和竞争,在全国率先实现高质量发展。统筹支持特殊类型地区发展。在保护好生态的前提下,支持革命老区因地制宜发展特色产业,传承弘扬红色文化,完善基础设施、基本公共服务。支持民族地区加快发展,增强边境地区自我发展能力,推动兴边富民、稳边固边。推进重大生态工程,推动生态保护和经济发展迈上新台阶。建立区域战略统筹机制,加速构建各区域间融合互动发展的新模式。

第二,深入实施区域重大战略,不断激活高质量发展的重要动力源。加快推动京津冀协同发展。牢牢把握北京非首都功能疏解这个"牛鼻子",深入推进北京非首都功能疏解,高标准高质量建设雄安新区,优化拓展区域发展新空间,大力推进交通等基础设施建设,持续强化生态环境治理,加强科技创新和产业转移升级,推进公共服务共建共享,构建改革开放新高地,推动京津冀协同发展取得新突破。全面推动长江经济带发展。通过加强生态环境系统保护修复,推进畅通国内大循环,构筑高水平对外开放新高地,加快产业基础高级化和产业链现代化,保护传承弘扬长江文化,推动长江经济带高质量发展。积极稳妥推进粤港澳大湾区建设。高标准打造国际科技创新中心,持

推进城乡融合和区域协调发展 ┃ 第九章

作为推动京津冀协同发展的一项战略举措，高起点规划、高标准建设雄安新区，为促进区域协调协同共同发展注入强劲动能。图为雄安城市计算（超算云）中心

中新图片 / 韩冰

续推动要素高效便捷流动，加快建设深圳中国特色社会主义先行示范区，深入推进重点领域规则衔接、机制对接，打造富有活力和国际竞争力的一流湾区和世界级城市群。提升长三角一体化发展水平，以一体化的思路和举措打破行政壁垒，提升政策协同水平，推进高质量发展。扎实推进黄河流域生态保护和高质量发展，通过坚持统筹推进山水林田湖草沙源头治理、综合治理、系统治理，提升黄河流域生态环境质量。

第三，深入实施新型城镇化战略。通过深化户籍制度改革，健全农业转移人口市民化机制，推进以人为核心的新型城镇化，加快农业转移人口市民化。通过推动城市群一体化发展，建设现代化都市圈，优化提升超大特大城市中心城区功能，完善大中城市宜居宜业功能，推进以县城为重要载体的城镇化建设，完善城镇化空间格局。通过转变城市发展方式，推进新型城市建设，提高城市治理水平，完善住房市场体系和住房保障体系，加强城市基础设施建设，全面提升城市品质，打造宜居、韧性、智慧城市。

第四，深入实施主体功能区战略，完善国土空间体系。落实主体功能区制度，支持城市化地区、农产品主产区、生态功能区建设。细化主体功能区划分，按照主体功能定位制定差异化政策，精准施策，形成主体功能约束有效、国土开发有序的新格局。出台实施全国及各地区国土空间规划，按照陆海统筹原则，加快形成以"三区三线"为核心的国土空间管控一张底图，压实地方耕地保护责任，确保不逾越这条红线。

五、加快建设海洋强国

在人类社会发展进程中,世界强国和海洋强国相伴而生,相互倚重。没有强大的国力就无法形成和维持强大的海权,没有海权的支持也不能称为真正的世界强国。2018年6月12日,习近平总书记在考察青岛海洋科学与技术试点国家实验室时指出:"建设海洋强国,我一直有这样一个信念。发展海洋经济、海洋科研是推动我们强国战略很重要的一个方面,一定要抓好。"在全面建设社会主义现代化国家的过程中,"发展海洋经济,保护海洋生态环境,加快建设海洋强国"[1]是实现中华民族伟大复兴的必由之路。

加快建设海洋强国源于中国海洋意识的空前提升。中国在地理上虽然陆海兼备,背陆面海,但在中国的历史上,农耕文明长期占据主导地位,"重陆轻海"的思想较为突出。中华民族也曾因为漠视海洋而错失发展机遇,导致陷入有海无防、丧权辱国的悲惨境地。1840年鸦片战争到1949年新中国成立之前,列强从海上入侵我领土达470余次。英法联军火烧圆明园,甲午战败、《马关条约》之耻,是民族之痛,军队之悲! 1949年新中国成立后,我们党致力于提高在海洋问题上的话语权,努力摆脱消极防御、被动应付的局面。党的十八大从提高海洋资源开发能力、保护海洋生态环境、发展海洋经济、坚决维护国家海洋权益等方面,提出了建设海洋强国的战略目标。党的十九大提出了"坚持陆海统筹,加快建设海洋强国"的重要

---

[1] 习近平:《高举中国特色社会主义伟大旗帜 为全面建设社会主义现代化国家而团结奋斗——在中国共产党第二十次全国代表大会上的报告》,《人民日报》2022年10月26日。

思想，党的二十大进一步作出了加快建设海洋强国的重要战略部署，这对维护国家主权、安全、发展利益，对全面建成社会主义现代化强国，进而实现中华民族伟大复兴都具有重大而深远的意义，也表明我们党对于中国海洋意识的空前提升。

加快建设海洋强国源于海洋在政治、经济、科技、军事竞争中的战略地位明显上升。"海兴则国强民富，海衰则国弱民穷"，这是历史和现实对我们的昭示。纵观近代史，海上实力是衡量一个国家实力强弱的重要标志，除美国外，英国、法国、荷兰都曾雄霸海上，成就当年霸主之位。面对现实需要，海洋是座超级宝库，是中国实现可持续发展的重要空间和资源保障。根据专家预测，世界现有陆地资源的贮备量还可供人类使用几百年，但是海洋生物资源能满足300亿人口的蛋白质需求；对比石油、天然气、煤、铁等不可再生能源，海洋能源作为一种再生资源转化成的电能与机械能，对于解决陆地人口压力、资源短缺等问题所发挥的作用愈发重要。走向海洋的同时，安全问题日益严峻。特别是随着中国经济的快速发展和对外开放的不断扩大，维护国家海外利益安全问题日益凸显。我国拥有300万平方公里的管辖海域，但与周边国家存在某些岛屿主权争端与海域划界矛盾。此外，中国国家安全和发展利益远超近海，海外利益已成为国家利益的重要组成部分。近年来，海洋自然灾害、海上恐怖主义等威胁频发，沿海各国都受到了极大的挑战。但海上安全"等不来，买不来，求不来"，唯有加快海洋强国建设，方可保障安稳，维护祖国利益。

加快建设海洋强国是中国式现代化道路的重要内涵之一，也是实现中华民族伟大复兴的必由之路。习近平总书记指出："现代化的国家是什么样的，不仅是一个陆地强国，也是一个海洋强国，一个陆海兼修的现代化强国。"[1]建设海洋强国，我们要着眼于新时代中国特色社会主义事业发展全局，以全面建设社会主义现代化国家为目标，统筹国内国际两个大局，继续坚持陆海统筹，发展中国海洋事业，坚持走一条依海富国、以海强国、人海和谐、合作共赢的路子，通过和平、发展、合作、共赢方式，维护国家主权、安全和发展利益。

正是基于历史和现实的昭示，党的十八大以来，面对国际国内两个大局，以习近平同志为核心的党中央引领我们沿着"关心海洋、认识海洋、经略海洋"的正确轨道，书写了新时代建设海洋强国的绚丽答卷。

第一，挺进深海，海洋调查走向深海极地。2020年，"奋斗者号"载人深潜器创下10909米的中国载人深潜新纪录。"海龙""潜龙""海斗""海燕""海翼"等水下机器人、水下滑翔机实现技术突破，与载人深潜共同实现深海梦。组建海洋卫星星座。"高分三号"01星、"高分三号"02星、"高分三号"03卫星共同组成我国首个海洋监视监测雷达卫星星座。2022年7月，"海洋二号"D卫星投入业务化运营。至此，我国首个海洋动力环境卫星星座建成。筑牢海洋强国建设之基。十年来，科研人员乘坐"深海一号""向阳红01""雪龙2""大洋号"等新型科考船，不断走向深海极地。"可上九天揽月，可下五洋捉鳖，谈笑凯歌还"照进现实。

第二，向海而兴，海洋关键核心技术领域取得重要突破。例如，海洋医用骨科新材料、海底光电复合缆等10多项技术达到国际先进

---

[1]《"探索试验蹚出来一条路子"——记习近平总书记赴海南考察调研》，《人民日报》2022年4月15日。

水平。2022年上半年，我国在海洋领域"卡脖子"技术方面实现突破，并取得了积极成效，例如，国产化浅水水下采油树、深水水下采油树系统完成水下安装应用，自主研发的首套深水水下多功能管汇系统交付应用，全球首艘LNG双燃料超大型原油船"远瑞洋号"轮成功交付。海洋产业合作平台、创新发展试点示范作用显现。近年来，海洋新兴产业增加值年均增速超过10%，完成了16个海洋经济发展示范区建设，对于提高海洋资源利用效率、推动海洋产业融合发展起到了重要作用。

第三，人海和谐，我国把海洋生态文明建设作为海洋开发总布局的重要内容之一，坚持开发和保护并重，坚持污防治理和修复并举，科学合理地开发、利用海洋资源，努力维护海洋自然再生产能力。例如，2018—2020年，自然资源部组织实施了渤海综合治理攻坚战生态修复项目，高质量完成了渤海生态修复目标任务，完成整治修复滨海湿地9212公顷、岸线132公里。2020年8月，自然资源部、国家林业和草原局将红树林划入生态保护红线，明确到2025年营造、修复红树林面积18800公顷的任务目标。

第四，积极"扩圈"，我们积极参与全球海洋治理，推动构建海洋命运共同体。例如，2022年联合国海洋大会期间，中国举办了"促进蓝色伙伴关系，共建可持续未来"边会，并发布了《蓝色伙伴关系原则》，发起了"可持续蓝色伙伴关系合作网络""蓝色伙伴关系基金"，尽显中国在海洋事务上开放、包容、负责任的大国形象。新的发展阶段，需要新的战略部署进行引导。我们要以习近平总书记关于建设海洋强国的系列重要论述精神为根本遵循，坚持陆海统筹，按照依海富国、以海强国、人海和谐、合作共赢的路子，秉持新发展理念,高质量发展海洋经济,坚决维护海洋权益,加快建设海洋强国。

一是建设现代海洋产业体系。围绕海洋工程、海洋环境、海洋资源等领域,突破一批海洋关键核心技术。促进海洋新兴产业蓬勃发展,培育壮大海洋生物医药、海水淡化等新兴和前沿产业。推动传统海洋产业转型发展,做强船舶制造、海工装备等全球海洋竞争优势企业,加快现代海洋服务业协同发展,推进海洋能规模化应用,促进海洋渔业持续健康发展,支持海洋领域数字经济融合发展。完善海洋经济布局,全面提高北部、东部、南部三大海洋经济圈发展水平,建设一批高质量海洋经济发展示范区,让海洋经济成为新的增长点。

二是全面提高海洋人才培养质量。加快海洋强国建设,关键在于全面提高人才培养质量,为实现海洋强国梦提供智力支撑。近年来,国家持续加大对海洋领域的投入,海洋高科技领域专业人才培养力度不断增强,但当前这支人才队伍与实现建设海洋强国的需求相比,同新时代推进海洋经济高质量发展的要求相比,仍存在数量上的缺口,人员质量也亟须提高。为适应新时代海洋强国建设的需求,我们要坚持人才是第一资源的战略思想,进一步完善海洋教育体系,加大海洋高科技领域专业人才培养力度,为人才强国、海洋强国建设增砖添瓦。

三是打造可持续海洋生态环境。建立沿海、流域、海域协同一体的综合治理体系。强化重点海域和突出环境问题治理,协同推进入海河流和排污口精准治理,发挥海洋在实现碳达峰碳中和目标中的助力作用。打造可持续海洋生态环境,促进海洋开发方式向循环利用型转变,节约集约利用海洋资源。提高适应气候变化能力,加强对自然灾难风险管控,提升抵御台风、风暴潮等海洋灾害能力。

四是深度参与全球海洋治理。当前，我国正处于加快建设海洋强国的关键时期，无论是确保自身海洋战略利益，还是应对与解决全球海洋生态环境问题，我国都应全方位参与国际海洋治理机制和相关规则的制定与实施，巩固和拓展蓝色伙伴关系，与世界其他国家深入开展重点领域务实合作，积极推动建设公正合理的国际海洋秩序，坚定维护国家领土主权和海洋权益，推动构建海洋命运共同体。

第十章

推进高水平
对外开放

党的二十大报告强调,"推进高水平对外开放"。2022年底召开的中央经济工作会议进一步强调,"坚持推进高水平对外开放,稳步扩大规则、规制、管理、标准等制度型开放"。我们要坚持以习近平新时代中国特色社会主义思想为指导,全面贯彻党的二十大精神和2022年底召开的中央经济工作会议相关部署,以更坚定的信心、更有力的措施,以更大力度吸引外资,稳步扩大规则、规制、管理、标准等制度型开放,加快建设贸易强国,推动共建"一带一路"高质量发展,有序推进人民币国际化,把改革开放不断推向深入。

一、更大力度吸引和利用外资

外资对我国推进高水平对外开放乃至经济发展起到了重要作用。我国正在努力为外资创造更好的经营条件,吸引外资并使其深度融入我国经济双循环,从而推进我国高水平对外开放,促进经济高质量发展。

扩大外资市场准入。2022年底召开的中央经济工作会议强调,国企、民企、外企都是社会主义市场经济的重要组成部分,要吸引和利用外资来华建设，必须扩大外资市场准入，解决部分外资"想来不能来"的难题。合理缩减外资准入负面清单。2022年，我国连续6年缩减全国和自贸试验区外资准入负面清单，以促进外商投资更加便利、自由。根据商务部数据，自2017年缩减全国版外资准入负面清单起，外资在我国设立的企业数量连年递增（见表1），在当前全球跨国投资不容乐观的形势下，我国吸引外资依然稳中有增、量质齐升。

表1　2017—2021年外商直接投资情况

年度	新设企业数（个）
2017	35662
2018	60560
2019	40910
2020	38578
2021	47643
2022	38497

数据来源：商务部网站

加大现代服务业开放力度。随着中国经济发展质量不断提高，对服务业尤其是现代服务业的需求与日俱增。当前，服务业已成为我国吸引外资的主引擎。2022年前11个月，我国实际使用外资金额11560.9亿元，其中服务业实际使用外资金额就达到了8426.1亿元。[1]因此，推动现代服务业的对外开放，特别是养老、教育、医疗等领

---

[1] 参见谢希瑶、周蕊、丁乐：《外资参与中国高质量发展步伐加快——透视2022年吸收外资年报》，新华社2023年1月19日。

域,将是未来高水平对外开放的重要举措。2022年12月,国务院将沈阳、南京、杭州、武汉、广州、成都6个城市纳入了服务业扩大开放综合试点,释放出拓展现代服务业开放深度和广度的鲜明信号。得益于南京推动服务业扩大开放综合试点,南京市支持与境外机构合作开发跨境医疗保险产品并开展国际医疗保险结算,将为南京市民出境旅游和购买国际医疗保险带来更多选择。此外,南京市政府还放宽了外商来南京设立投资性公司的申请条件,将外国投资者申请前一年的资产总额标准从4亿美元下调至不低于2亿美元,并且取消了对外国投资者在中国境内已设立企业的数量限制。这一举措极大地促进了外资投入南京现代服务业,也推动了南京加快探索现代服务业开放的路径。

发挥好各类开放平台的先行先试和引领作用。相较于国内其他城市,自由贸易试验区、海南自由贸易港、各类经济技术开发区和保税区等开放平台是我国对外开放的门户枢纽,是推进高水平对外开放的试验田和主战场,担负着带动外贸增长,承担压力测试、积累高水平对外开放经验的任务。所以要把开放平台作为依托,充分赋权赋能,集聚要素资源,使其更好发挥先行先试的优势,成为引领全国对外开放的强劲引擎,形成外商投资集聚效应和示范效应。2023年1月,商务部完成了2022年度国家级经济技术开发区(简称国家级经开区)综合发展水平考核评价工作。根据最新的评价结果,217个国家级经开区展现出较高的对外开放水平,为维护外贸外资的稳定和促进经济增长有效发挥了"主力军"作用,总体呈现稳中提质的良好发展态势。其中,217个国家级经开区的进出口总额达到8.9万亿元,占当年全国进出口总额的22.8%;实际使用外资金额381.6亿美元,占当

第五届进博会新设"中国这十年——对外开放成就展"综合展示区,充分展示新时代中国对外开放的辉煌成就

中新图片 / 殷立勤

年全国实际使用外资总额的22%。[1]未来，这些开放平台和产业集聚区不仅会加快吸引外资的步伐，还会积极探索更多的对外开放路径，为全国各地的发展提供参考和借鉴，实现更高水平的对外开放和高质量发展。

优化外资营商环境。国际投资者在全球选择投资目标时，在一定程度上是根据各个国家的外资营商环境"用脚投票"。通过生产经营环境的全方位改善，能有效减少外资企业的制度型成本、降低跨国投资的非市场风险，进而激励外资流入。因此，要以更大力度吸引和利用外资，必须牢牢扭住改善外资营商环境这个"牛鼻子"，营造市场化、法治化、国际化的一流营商环境。

落实好外资企业国民待遇。这是外资企业对中国营商环境的最大需求。根据实际使用外资较多的城市的经验来看，制定统一、专门的政策来确保外商投资国民待遇的落实，可以显著提升外商投资的积极性。典型的地方性规章如2022年9月公布施行的《深圳经济特区外商投资条例》，通过细化有关法律、行政法规规定，促进深圳市外资企业国民待遇的落实。此外，针对外企在资质许可、经营运行、政府采购、招标投标、制定标准等方面仍遇到不公平待遇的现象，需要进一步规范政府行为，在外资企业关注度较高的政府采购、重大项目招投标、标准制定等领域推进公开、透明和市场化，为外资企业提供一个公平的竞争环境，确保外企依法依规享受平等待遇和支持政策。针对侵害外资企业合法权益的行为，地方政府要消除地方保护主义，尤

---

[1] 参见《商务部公布2022年国家级经济技术开发区综合发展水平考核评价结果》，商务部网站2023年1月13日。

其是在执法方面要加大对外商投资合法权益的保护力度，并为外资企业提供充分的司法救济。

主动对照高标准经贸协议，深化国内相关领域改革。以开放促改革促发展，是我国对外开放的一条重要经验。21世纪初，我国在加入世界贸易组织时，就积极整顿过与对外开放不相适应的法律政策和法律法规，大力改革了不适应经济发展的经济管理体制，最终建立起既符合国际经贸规则又适合中国国情的涉外经济管理体制，为我国赢得了17年的高速经济增长。现在，中央再次明确提出，主动对照《全面与进步跨太平洋伙伴关系协定》（CPTPP）和《数字经济伙伴关系协定》（DEPA）等高标准经贸协议中的相关规则、规制、管理、标准。这些经贸协定的内容涉及服务贸易、关税、电子商务及市场准入、知识产权保护、竞争政策、卫生与环境等诸多方面。对标这些规则、规制、管理和标准，就是要继续深化国内相关领域改革。从2019年3月《中华人民共和国外商投资法》发布以来，中国政府持续3年对不符合外商投资法的相关法律、规定和规范性文件进行了清理，将500多份文件进行了修订和废止。未来，清理工作将继续开展，以推进我国行政审批制度改革、法治化环境建设和商事制度改革，持续打造一流营商环境。

加强外资企业服务。2022年底召开的中央经济工作会议强调，要有针对性地做好外资企业服务工作，加强同外商常态化沟通交流。由于一些地方的管理水平有待提升，各部门间缺乏信息共享机制，使管理部门难以全面、准确掌握外资企业在经营、项目建设中遇到的困难和问题，并及时帮助解决这些困难和问题。应继续加强部门协作和信息共享，完善商事登记服务体系，便于当地政府及时掌握外贸企业生产经营情况，为外资企业纾困解难，并提供在金融、法律、用地用电等方面的政策保障，降低外资在华营商难度。根据《2022年第四季度中国外资营商环境调研报告》的数据，86.31%的外资企业对稳健的货币信贷政策评价为"较满意"及以上水平，而86.06%的外资企业对财政政策和减税降费政策评价为"较满意"及以上水平。这足以证明中国持续加大对外资企业服务保障的力度，坚定了外资进入中国、扎根中国的底气和信心。

便利外商来华从事贸易投资洽谈。为了更有效地支持跨国公司、外商投资企业的高管和技术人才来华考察，各地应该根据本地实际情况，充分利用中外人员往来"快捷通道"，鼓励外资积极参与中国市场，推动一系列标志性项目的落地。2022年1—8月，四川聚焦重点区域重点产业，先后举办世界动力电池大会、中外知名企业四川行投资推介暨投资四川机遇清单发布会等多场推介活动，吸引外资尤其是汽车制造和能源化工等重点外资企业投入本地制造业，促成了法国空客成都全生命周期服务、美国雅保公司年产5万吨氢氧化锂锂电池材料等重大项目。仅1—8月，四川省高技术制造业外商直接投资（FDI）到资额就达到了2.97亿美元，同比增长383.24%，高于全国340.14个百分点。[1]

推动经贸人员常态化走出去招商引资。受新冠疫情影响，2020—2022年有不少外贸企业的订单数量下滑，失去了一些海外市场。面对此严峻形势，各地政府部门出面，紧锣密鼓地利用商务包机和商业航班资源，帮助经贸人员组团出境参加展会、开展商务活动，全力以

---

[1] 参见《我省高技术制造业FDI前8月同比增长383.24%》，《四川日报》2022年9月28日。

赴拉投资抢订单，抢回"失去的时间"。此外，针对部分中小外贸企业获取海外市场信息难、贵的问题，地方政府和相关机构提升海外市场信息服务供给能力，支持中小外贸企业获得更多有关海外市场信息，进而抓住商机。2022年7月，宁波成为首个推出专为涉外商务人员设计的包机航班服务的城市。同时，作为外贸大省的广东也迅速发布《广东省商务厅关于收集企业包机参加境外国际性展会需求情况的通知》，以支持外贸企业在海外参加更多的线上和线下展览活动。江苏、海南等省也积极组织企业出海抢单。2022年11月17日至23日，苏州市商务局积极推动当地外贸企业包机赴日，成功获得了超过10亿元的新订单。未来预计将有更多省市加入走向海外招商引资队伍，从而以更大力度推进我国外贸稳定规模、优化结构。

二、稳步扩大规则、规制、管理、标准等制度型开放

党的二十大和2022年底召开的中央经济工作会议都明确提出，推进高水平对外开放，稳步扩大规则、规制、管理、标准等制度型开放，这标志着我国要从原来的商品、服务的流动型开放转型为规则、体系的制度型开放。稳步扩大制度型开放是适应中国对外开放新阶段的要求，也是新时代新征程我国深度融入全球化和培育国际经贸竞争新优势的必然选择。

围绕国际通行经贸规则积极改革创新。制度型开放的基本目标就是要对照高标准国际经贸规则，倒逼国内改革，对于阻碍我国推进高水平对外开放、实现经济高质量发展的制度框架体系进行改革，从而加快建立和系统推进与国际经贸规则相衔接的国内机制。应从以下几方面着手，逐步实现我国经贸规则的优化。

第一，主动对标国际经贸规则。密切跟踪和牢牢把握研究国际投资、国际贸易规则的最新动态和主要内容，尤其是高标准规则的演进趋势，分析其需要具备的基础条件和运行环境，对照国际经贸规则的最新标准或即将形成的高标准国际经贸规则找出自身差距，对国内不合理、不适应高水平对外开放要求的规则和制度进行调整、补充、完善和改革，向着高标准国际经贸规则不断靠拢，最终形成与国际最新经贸规则、制度相衔接的基本制度体系。这就需要我国积极参加区域性或国际性自由贸易协定，提高融入国际经济贸易规则体系的程度。例如，《区域全面经济伙伴关系协定》（RCEP）是目前全球最大的自贸协定，采用了区域原产地累积规则及负面清单，而中国主动参与RCEP，有助于中国补齐该领域规则制度的短板。2020年11月，中国顺利成为RCEP的成员国，这是中国主动对标高标准国际经贸规则的一次成功实践。此外，2021年9月正式提出申请加入《全面与进步跨太平洋伙伴关系协定》（CPTPP），这是中国又一次对标高标准国际经贸规则的重要实践。相较于RCEP，CPTPP的规则标准更高、涵盖的内容范围更广，其中包括有关国有企业、劳工、环境、透明度等条款。加入CPTPP有助于中国形成与国际接轨的贸易制度安排，从而维持和发挥中国在国际贸易中的突出作用。

第二，在自贸区推进先行先试。以自由贸易试验区为代表的开放平台不仅是我国推进改革开放的重要载体，也是开展制度创新的重要抓手。作为我国高水平对外开放格局中的"排头兵"和"领头雁"，自贸区承担着积累高水平对外开放经验的任务。因此，在我国逐步向高标准国际经贸规则靠拢的过程中，可以将自由贸易区作为载体，充分把握好、利用好自由贸易区、自由贸易港在规则变革和制度优化中

中国海关总署公布的最新数据显示，2022年中国对《区域全面经济伙伴关系协定》（RCEP）其他14个成员国进出口贸易额为12.95万亿元人民币，同比增长7.5%，占中国进出口贸易总额的30.8%。图为2022福建—RCEP国家经贸合作对接会现场

中新图片 / 张斌

的先试先行作用。例如，让上海自由贸易试验区、海南自由贸易港等条件相对成熟、对外开放水平较高的自贸区主动和国际自由贸易区域接轨，对标国际自由贸易区的通行规则，从中补齐自身制度短板。更重要的是，根据国际经贸合作的需要探索各种规则标准，在探索过程中逐渐建立公开、开放、透明的市场规则，以供在全国推广。

第三，加强国际经贸规制合作。各国重复、不一致的规制是全球贸易自由化的最大障碍。为符合不同国家的规制要求，跨国企业不得不根据不同国家的市场标准多次调整其产品或服务。往往在一国已进行合格评定程序或已认证符合检验标准的产品，在另一国则需要再一次进行认证和检验，增加了企业生产成本，同时极大地降低了全球经贸往来的效率。因此，世界各国的生产和服务供应商都期望国家或地区之间有一个协调一致的国际贸易规则、趋同的生产服务标准和一个公开、透明、可预期的经济贸易环境。世界经济论坛与世界银行联合发表的《有助于贸易价值增长的机会》指出，在全球价值链有关环节的规制壁垒对国际贸易的影响远远超越关税壁垒的影响，前者对全球GDP增长的贡献约为后者的6倍以上。这充分说明了加强国际规制合作、统一商品标准、规制的认证能够有效提升国际贸易的效率和收益。因此，国与国之间规制协调变得日益重要。对此，中国应从国内国际两方面协同发力，推动国际规制方面的合作。

一是加快国内规制的改革升级。推动建立系统的规制影响评估体系，有效提高规制决策的有效性。如今，绝大多数发达国家已经建立了完备的规制影响评估体系，许多发展中国家也陆续建立了规制影响评估体系。建立统一的中央规制协调机构。目前，经合组织所有成员国均成立了中央层面的规制审查机构，专门负责对规制定期进行系统性审查，并针对存在的问题提出改革的建议，如美国的信息与规制事务办公室（OIRA），英国的规制责任专门小组和规制影响小组等。

二是参与国际平台推动规制合作。全球正在重构和改进新一轮的国际经贸规则，发达国家已经抢占了制度竞争的先机，制定了更为严格的国际规制合作框架，并试图推动其成为全球规范，争夺未来国际规制的主导权。在这样的背景下，中国需要积极参与经济合作与发展组织（OCED）等国际平台的规制合作活动，切实提高中国在全球经济治理中的制度性话语权。

第四，完善管理，营造具有一流国际竞争力的营商环境。作为吸引和使用好外资的关键影响因素之一，国内营商环境在制度型开放中扮演着十分重要的角色。过去 40 多年里，中国对外开放的主要模式是利用本土人力成本、资源成本较低的优势，加上优惠政策辅助，承接产业链上游国家转移出来的产业从而实现本国发展。然而，在新一轮经济全球化过程中，未来全球范围内生产成本差距不会过大，而产品和服务中高端和创新生产要素的比重越来越高，因此，全球生产网络布局势必会优先选择能提供更具有吸引力的营商环境的国家或地区。为顺应和引领新一轮的经济全球化，发展高水平开放型经济，必须着力打造国际化、法治化、市场化、便利化的一流营商环境。中国国际贸易促进委员会（CCPIT）发布的《2022 年度中国营商环境研究报告》显示，超九成受访企业对中国营商环境评价为"满意"及以上水平，社会信用（4.53 分）、财税服务（4.52 分）和社会法治（4.50 分）指标评价较高，满分为 5 分。[1] 但是，从中国推进高水平对外开

---

[1] 参见朱琳：《〈2022 年第四季度中国外资营商环境调研报告〉显示——超九成外企满意中国营商环境》，《经济日报》2023 年 1 月 19 日。

放的角度来看，这一成绩还是远远不够的，仍需要依据高标准国际经贸规则来要求我们的工作。

第五，推进资本市场和金融市场进一步开放。为了吸引更多的境外投资者登陆中国，只有让中国的资本市场和金融市场进一步开放，才能最大限度地提高货物交易的市场化、法治化、国际化水平，从而进一步完善市场对外开放的制度框架。对标国际标准，优化国内规制和制度。深化改革需要着力破解深层次体制机制障碍，为高水平开放奠定基础。因此，我国可以对标世界银行全球营商环境评价指标体系等国际先进标准，在市场准入、开办企业、办理施工许可、获得信贷、纳税、执行合同等环节进一步进行规制变化和制度优化，从而简化外商来华投资生产的程序，提高外资企业在华营商满意度，从而促进贸易和投资自由化、便利化。

第六，加快"中国标准"走出去的步伐。党的十八大以来，中国积极参与国际事务和全球治理，在应对全球性问题上的贡献越来越大，提出构建人类命运共同体、共建"一带一路"等重要理念和倡议，得到了国际社会的普通赞同和积极响应。这表明中国有意愿、有能力为完善全球经贸规则作出贡献。然而，中国目前参与制定的国际标准的数量与欧美发达国家相比还存在较大差距，与中国全球第二大经济体的地位极不相称。中国主导的国际标准占国际标准总数量的比重较小、绝大多数高新技术产业仍坚持采用国外标准、有关标准制定的国际交流与合作不足等一系列原因造成了中国国内通用标准在国际上认可度低。因此，我国不仅要对照国际高标准规则完善国内行业标准，还应推动"中国标准"走出去，积极引领国际经贸规则的制定和发展。为此，应从以下两方面集中发力。

一是继续积极参与国际事务和全球治理体系。在维护经济全球化和贸易自由化的前提下，利用好 WTO、G20、APEC 等重要国际平台，积极参与国际经贸规则谈判，从而加入国际经贸规则体系的变革历程，并提出中国主张和行动方案，将经过国内实践证实有利于推动经济贸易发展的本国经验和规则上升为国际规则，增强我国在规则标准制定中的话语权。推进 WTO 相关谈判，用好 G20、APEC 等平台，不断深化全球治理机制变革。

二是建立中国技术专家与国际技术专家的合作交流机制。过去，由于我国技术专家的国际交流度不高，国际上对我国国内通用标准的认可度较低，结果导致即使中国在一些领域拥有更为成熟的行业标准，也不得不受制于国际标准。因此，要大力鼓励中国技术专家参与国际标准的制定工作，将国内通用标准推向世界，得到国际认可；通过 APEC、G20、"一带一路"倡议等平台，与其他国家联合制定标准，开展国内标准的互认；助推重点企业赴海外参与国际标准的制定活动，促使企业的技术成果得到国际标准化机构的认同。

三、加快建设贸易强国

改革开放以来，我国对外贸易实现了由小到大的跨越式增长，巩固了贸易大国的地位。但"大而不强"仍是我国外贸的基本特征，面对逐渐上升的综合成本和保护资源环境的需求，以往低成本、高投入的粗放型增长方式难以为继。对此，我们应推动贸易优化升级，加快建设贸易强国。

第一，提高对外贸易发展的质量和效益，建设贸易强国，必须先夯实货物贸易发展的产业基础，促进货物贸易创新发展。

一是优化贸易结构，即加快我国货物贸易结构从规模型向质量型转变。优化进出口商品结构，推动传统产业转型升级，提高我国出口产品的质量、档次和附加值，进而推动我国从全球产业链中的加工制造环节逐步向设计研发、市场营销等环节攀升。2022年，我国太阳能电池、锂电池和汽车出口分别增长67.8%、86.7%和82.2%。而箱包、鞋和玩具等劳动密集型产品出口额为4.28万亿元，增长8.9%，仅占我国出口总值的17.9%，表明我国正在实现货物贸易结构的转型。[1]

二是积极扩大进口贸易。在现代国际贸易体系下，扩大进口不仅是获得高质量、多样化产品的重要方式，也是提升制造业全球价值链布局的重要路径。虽然中国的工业体系已经较为完备，但仍面临着科技创新水平不高、产品附加值低的问题。通过主动降低进口关税和制度性成本，扩大对部分领域的核心技术、关键设备的进口，有助于激发相关领域的自主创新活力，倒逼本土产业进行转型升级，从而加强中国在国际贸易中的竞争力，提升中国在全球价值链布局中的地位。

三是加快发展贸易新业态。近年来，跨境电商实现了跨国远程交易，降低了国际贸易的门槛，成为近年来发展速度最快、潜力最大的贸易新业态。对此，应坚持促进跨境电商健康持续创新发展，推进跨境电商综合试验区建设，使诸如此类的贸易新业态成为我国贸易转型升级的新渠道。2015—2022年，国务院先后7次批准设立了165个跨境电商综试区，实现中国内地31个省区市全覆盖，以试点带动行

---

[1] 参见《海关总署：2022年我国进出口总值首次突破40万亿元关口》，中国新闻网2023年1月13日。

业发展，助推跨境电商企业持续、健康发展。据海关统计，2017—2022年，我国跨境电商进出口总额从902.4亿元跃升到2.11万亿元。[1]目前，备案的跨境电商企业已经超过3万家，还涌现出直播电商、工业品跨境电商、社交电商等新型电商模式。

第二，促进服务贸易创新发展。服务贸易在我国对外贸易中长期处于较弱地位。如表2、表3所示，2018—2022年我国服务贸易进出口规模始终小于货物贸易进出口规模，且服务贸易逆差一直较大，这表明我国对服务贸易进口的依赖性较强，却没有形成对世界服务贸易的有效供给。因此，我国应推进服务贸易转型，增强服务贸易的国际竞争力。

表2　2018—2022年我国货物贸易与服务贸易进出口总额

单位：亿元人民币

年份	货物贸易进出口	服务贸易进出口
2018	305050	52402
2019	315446	54153
2020	321557	45643
2021	391009	52983
2022	420678	57119

数据来源：国家统计局、商务部网站

---

[1] 参见《海关总署：2022年我国跨境电商进出口2.11万亿元》，中国新闻网2023年1月13日。

表3　2018—2022年我国服务贸易逆差

单位：亿元人民币

年份	我国服务贸易逆差
2018	17086
2019	15025
2020	6929
2021	2113
2022	3141

数据来源：商务部网站

一是优化服务贸易进出口结构。加大对核心技术研发的力度，扩大计算机与信息、节能减排、环境保护、保险与金融等中高端服务贸易的出口。新冠疫情严重冲击了旅游、交通等服务贸易，却催生出对居家办公、远程教育的社会需求，全球对互联网平台的依赖程度极大地提高，因此，可以将网络办公、教育平台服务作为服务贸易结构优化的典型切入点，推动我国"高科技""在线化"的服务贸易走向海外市场。

二是创新服务贸易发展机制。一方面，要继续推进服务贸易深入开放。服务贸易的进一步开放，意味着服务贸易壁垒会随之减少，带来的必然是服务贸易规模的扩大，更多的技术、管理、知识涌入我国市场，进而推动我国服务贸易萌发出更多新业态新模式。另一方面，以制度型开放为重点，推动我国服务贸易高质量发展。在自由贸易区、自由贸易港进行服务贸易负面清单管理制度的先行先试，及时总结推行过程中出现的问题。在上述经验的基础上再次对标国际通用规则，缩减负面清单数量，健全完善跨境服务贸易负面清单管理制度，在更大试点范围内乃至全国范围内推动实施跨境服务贸易负面清单管理制度。

第三，发展数字贸易。作为数字技术和国际贸易深度融合的产物，预计未来数字贸易在全球经济开放中将发挥更大作用。为此，我国应充分把握世界数字贸易发展机遇，力争将数字贸易打造成加快建设贸易强国的新引擎。

一是培育数字贸易新业态新模式。将数字技术融入传统服务贸易领域，催生出诸如云计算服务、在线教育、数字精致医疗、智能物流等领域，丰富数字贸易业态，从而通过信息通信技术打破传统服务贸易的物理阻隔。数据显示，由于新冠疫情导致物流受阻，倒逼传统服务贸易进行数字化转型，使我国数字贸易发展势头强劲。2020年我国数字服务进出口总值逆势增长8.4%，2021年同比增长了22.3%，达到3597亿美元。[1]

二是建立健全数字贸易治理体系。由于全球的数字贸易规则体系尚未完善，故而欧美发达国家一直试图通过双边、区域以及多边协定输出其数字贸易规则和理念，以谋求本国在数字贸易规则和标准制定中的主导权，从而掌握对全球数字红利的分配权，这必将对我国数字贸易发展造成威胁。对此，一方面，要加快我国数据资源产权、交易流通、跨境传输、安全保护等数据贸易的基础制度和标准规范建设。另一方面，要加强数字经济领域国际合作，积极推动加入《数字经济

---

[1] 参见郭锦辉：《〈数字贸易发展与合作报告2022〉发布，推动全球数字贸易深化合作与共同发展》，《中国经济时报》2022年9月3日。

伙伴关系协定》进程，既可以主动对接国际高标准数字贸易规则、与其他成员建立规则统一的一体化数字贸易市场，也可以争取制定和完善数字贸易规则标准的参与权，维护我国的利益诉求。

第四，深化国际经贸合作。扩大面向全球的高标准自由贸易区。这是中国推动更高水平对外开放的重要战略举措。截至2022年底，中国已陆续同全球26个国家和地区签署了19个自由贸易协定[1]，而且正在积极推动加入《全面与进步跨太平洋伙伴关系协定》，未来还将商签更多的自贸协定。中国的自贸伙伴遍及亚洲、大洋洲、拉丁美洲、欧洲和非洲，自由贸易区网络布局逐步完善，为形成更大范围、更宽领域、更深层次对外开放格局发挥了积极作用。

优化贸易促进平台。推动展会平台进一步发挥外贸新窗口的作用，继续举办好进博会、消博会、服贸会、广交会等国家级展会。在中国举办进博会的这5年时间里，进博会不断发挥国际采购、投资促进、人文交流、开放合作四大平台作用，为外国企业展现了中国广阔的市场和巨大的发展潜力，成为中外企业共享发展机遇、实现互利共赢的桥梁，中国通过进博会向世界传递出开放合作强音。

第五，提升风险防控能力。安全是发展的前提。当前，全球各类安全威胁层出不穷，时刻威胁着国际经贸环境的稳定与安全。加快建设贸易强国则要求我们主动在开放中谋安全，敢于斗争、善于斗争。

一是提高贸易安全保障能力。加强商务部、地方商务主管部门、行业商协会、涉案企业之间的"四体联动"机制，构建全面的产业损害预警体系，为企业提供有效的贸易纠纷预防、沟通、谈判和法律援

---

[1] 参见王文博：《中国贸促会多举措稳外贸》，《经济参考报》2023年1月18日。

助服务。提高企业自身贸易救济能力和水平,在遇到贸易纠纷时,积极利用规则进行谈判和调节,努力通过协商解决争端。面临贸易救济案件时,地方主管部门要依照法律规定开展贸易救济调查,以确保本国产业企业的合法权益得到有效保障。例如,2020年4月浙江省商务厅积极响应国家贸易援助制度,开展了"浙"里有"援"——"云"上大讲堂专题培训暨2020年外经贸"云"上法律服务月专项行动,组织公益律师团通过微信群聊或线下活动的方式,点对点为近万家企业提供在线法律援助和答疑服务,就进出口相关法律问题、可能存在的风险以及相应的法律措施进行讨论,帮助外贸企业化解经营难题。

二是保障供应链产业链安全。一方面,要做好全链条进口保障。建立起与全球重要供应链上经济体的长期合作,以实现对粮食、能源资源、重要零部件等关键资源的多渠道、多区域进口。例如,我国企业可以借助已有的区域贸易协定走向海外,通过海外并购、设立制造基地等方式参与全球资源配置,为我国构建起更稳定、多元的供应网络。另一方面,要加大对薄弱环节产业的支持力度,确保产业体系自主可控,以提升产业链供应链韧性与安全水平,确保其在遭遇外部冲击时仍能有效运作。例如,根据各地产业基础因地制宜,大力发展水能、风能、核能、太阳能等可再生资源,避免因过度依赖油气资源而失去战略主动性。

四、推动共建"一带一路"高质量发展

党的二十大报告和2022年底召开的中央经济工作会议提出,要推动共建"一带一路"高质量发展。《扩大内需战略规划纲要(2022—2035年)》提出,要发挥对外开放对内需的促进作用,并将"高质量

共建'一带一路'"作为一项重要内容。共建"一带一路"高质量发展是实现我国经济稳中有进的重要抓手。

第一,拓展国际合作新空间。"一带一路"倡议自提出以来不断取得新成效,已经成为目前世界上最受欢迎的国际合作倡议。2022年,我国与"一带一路"沿线国家和地区贸易进出口继续保持快速增长,贸易总额达到了13.83万亿元,比2021年增长19.4%,其中与中亚五国、阿联酋和沙特阿拉伯等贸易伙伴的进出口增长较快[1]。可见,在"一带一路"倡议的推动下,中国不断发掘海外市场,促进了中国高水平对外开放。因此,未来中国仍将继续扩展与沿线国家经贸合作的领域和内容。

一是扩大第三方市场合作。为欢迎更多国家参加"一带一路"建设,拓展合作规模和内容,可鼓励部分没签署"一带一路"合作文件的国家,通过第三方市场合作参与"一带一路"建设。第三方市场合作指中国企业(含金融企业)与有关国家共同在第三方市场开展经济合作。这种模式提供了一个让参与方各自发挥在技术、产能、资金等方面的互补优势,从而扩大集体利益的机会,一经提出就得到了多个国家的积极响应。多年来,中国已同英国、日本、加拿大等10余个国家开展了第三方市场合作,合作内容涵盖了产品服务、工程建设、跨境投资等多种类型,囊括了金融、电气、油气等多个行业,因此,我国在第三方市场合作上已具有成熟的经验和一套完备的体系。今后,中国可以在"一带一路"框架下扩大与非"一带一路"沿线国家

---

[1] 参见《2022年我国外贸进出口增长7.7% 总值突破40万亿元创新高》,央视网2023年1月13日。

和地区的第三方市场合作，并进一步拓宽合作领域，从而邀请更多的国家参与"一带一路"建设，推动共建"一带一路"高质量发展。

二是培育合作新增长点。推动中国同沿线国家和地区在人工智能、云计算、数字金融、电子商务等经济新增长点的合作。在合作的同时也要兼顾合作方对经济增长和成本的承受能力。此外，项目建设要将当地实际情况与国际普遍接受的规则标准相结合，这样有助于在实现经济发展的同时，提高经济发展的质量，从而推动高质量发展。切实推进重点项目落地，打造一批优质标志性工程，让有关国家和地区有实实在在的获得感，从而鼓励沿线国家和地区以更大力度投入"一带一路"框架下的对华经贸合作。

第二，巩固提升中欧班列。中欧班列是"一带一路"上的"钢铁驼队"，连接了不同的市场、带动了越来越多的区域，成为共建"一带一路"的标志性品牌，成为我国与沿线国家和地区共建紧密经贸联系的桥梁。为推动中欧班列健康发展，需要培育、形成和巩固中欧班列的市场核心竞争力，应该发挥国家和政府的引导、协调作用，推动中欧班列管理和运营的优化升级。

一是优化线路布局。在中欧班列覆盖面积如此之大、覆盖区域如此之广的情况下，优化线路的布局及其结构是当前巩固提升中欧班列的重点工作。一方面，在中欧班列"连点成线""织线成网"的现有基础上，疏通堵点、链接断点，从而提升其运输效率和通行能力。例如，通过加快中蒙俄经济走廊中线铁路升级改造，帮助蒙古国增加出口、吸引投资，进一步推动中蒙俄经济走廊建设。另一方面，优化集结中心空间布局，在中欧班列的沿线城市中设立多个陆海统筹型集结中心，实现中欧班列由原来的"点对点运输"向"枢纽对枢纽运输"

转变，最终增强中欧班列的集结能力。

二是强化协调机制。强化协调机制需要从完善机制结构和发挥机制作用两方面进行。就完善机制结构而言，提升中欧班列的目的是丰富中欧货运的运输形式、提升运输质量，最终实现对中欧货运结构的改善。因此，要重点完善中欧班列的日常办公机制，同时对国内层次、国家层次和区域层次的具体工作制度进行建立、规范和完善。更重要的是，要建立起突发事件应急机制，以应对中欧班列日常运输中出现的各类问题与障碍。就发挥机制作用而言，要明确中欧班列的根本目的是运输而非简单的盈利，因此，要引导地方运输平台将工作重心放在如何提高运输效率上。

三是服务地区合作。使"一带一路"沿线国家和地区能从跨境运输中获得经济利益，既是发展中欧班列的重要目的，也是中欧班列长远发展的基础。具体来看，就是用中欧班列把中国同"一带一路"沿线国家之间的经贸合作串联起来，使中欧班列为这些国家的贸易、投资合作提供便捷、实惠的货物运输，同时中欧班列为缺乏海运的沿线国家提供了陆上交通运输方式。

第三，健全多元化投融资体系。加强双边、多边金融合作，即加强"一带一路"沿线国家之间的金融合作。发挥亚投行等金融合作平台的融资作用，帮助"一带一路"沿线国家获得资金进行基础设施建设、对外投资等活动。截止到2020年7月，亚投行成员数就已经超过100个，其中"一带一路"沿线国家占很大比重。过去的7年里，亚投行累计批准了191个项目[1]，为亚洲国家基础设施建设融资缺口

---

[1] 参见《亚投行运营近七年　累计撬动各类资本超过850亿美元》，央视新闻2022年10月26日。

2023年1月13日，满载来自哈萨克斯坦的1300吨面粉的中欧班列（西安）驶入西安国际港站货场，为即将到来的中国农历新年拉来了"洋年货"。图为班列驶入货场

中新图片 / 张远

提供了大量资金支持。统筹各类金融工具或手段，为"一带一路"沿线国家发展提供融资服务。例如，开发性金融机构是支持国家基础设施建设的重要资金源之一，在中长期融资领域里具有显著优势，所以应鼓励和支持开发性金融机构等为"一带一路"沿线国家进行基础设施建设提供信贷、租赁等综合投融资服务。

一是促进多方参与共建。推动共建"一带一路"高质量发展必然需要很多资金，绝非一国或者一个机构的力量可以做到。因此，要积极调动各方资源、联合各国投入资金或给予政策支持，还要引导国际多边金融机构及国际资金在"一带一路"沿线国家进行布局，最终形成共同付出、共担风险、共享收益的利益共同体，从而充分利用国际金融市场的资金，以确保共建"一带一路"项目顺利进行。

二是建立区域性债券市场。随着我国债券市场的进一步开放，可以推动我国债券市场向"一带一路"沿线国家和地区延伸，为其提供多样化的债券工具，便于沿线国家和地区在中国债券市场融资，从而解决其资金短缺问题。截止到2021年末，境外机构在中国发行的熊猫债累计超过4000亿元[1]，极大地帮助了跨国企业和机构在华进行融资。

第四，扎实统筹好发展和安全。当前，局部冲突与动荡不断，恐怖主义和极端势力蠢蠢欲动，同时"一带一路"沿线国家和地区发展状况极度不均衡，容易诱发融资困难甚至债务危机，跨国企业因不熟悉当地法律法规也会导致法律风险，等等。诸多因素时刻威胁着"一带一路"发展的稳定性和可持续性。为保障推动共建"一带一路"高

---

[1] 参见《创新产品不断落地 熊猫债市场扩容有潜力》，《中国证券报》2022年12月9日。

质量发展的安全性，应从以下3个方面着手。

一是建立风险防控与安全保障机制。总的来说，在与"一带一路"沿线国家和地区展开经贸往来之前，须通过一套完整的风险评估系统对其进行预先评估，从政治、经济、文化、社会等多个角度来考察目标国，做好应对预案，并及时根据形势变化调整预案，以保障国家利益和投资企业利益不受损。具体来说，首先，建立风险评估预警机制，即根据国别建立信息数据库，设立风险评估专业队伍；其次，鼓励大型保险集团在"一带一路"沿线国家进行布局，便于及时、有效维护跨境企业权益；最后，针对可能出现的危险和经济情况制定各个阶段的风险管理和风险应对预案。

二是强化主体风险防控和安全保障能力。参与"一带一路"建设的主体的风险防控和安全保障能力高低，很大程度上影响跨国企业的安全状况。从国家层面出发，应加强政府战略统筹能力，即整合各类资源，协调商务部、发改委等国家和地方部门战略统筹的能力；成立常设机构，专门协调我国对"一带一路"沿线国家和地区的经贸活动；强化海外安全保障能力建设，维护我国公民、法人在海外合法权益。从企业层面出发，加强对跨国企业的风险防控培训，促使其增强安全意识、提升风险识别能力；发挥好行业协会、商会的作用，通过行业协会、商会及时向企业发布风险警示信息，从而尽力将跨国企业在海外遭遇的安全问题和威胁最小化；了解当地基本法律法规。

三是严密跟踪"一带一路"建设项目。相关部门联合建立"一带一路"建设项目名录，全方位跟踪项目的进展和效果，以便及时发现和处理其中出现的问题。建立公开化、透明化的建设项目信息发布机制，从而促进更多的资金主体参与"一带一路"高质量发展。最后，由商务部发布"一带一路"沿线国家建设项目年度质量报告,向企业公开推进"一带一路"高质量发展所取得的成就和亟待解决的问题。

五、有序推进人民币国际化

有序推进人民币国际化是适应国际国内形势发展的现实需要,是立足形成高水平开放型经济新体制和构建双循环新发展格局提出的重大战略任务。当前,人民币国际化程度与我国经济实力极不匹配,因此,应当从提高人民币国际影响力、扩大人民币真实需求、推动国内机制改革等方面做好应对。

第一,抓住贸易结算的"牛鼻子",在跨境贸易中倡导本币优先原则。有序推进人民币国际化的重要一步就是提升人民币在各国跨境贸易中的结算额。为提高对外贸易中以人民币实际收付的比例,应从保障使用安全、提升使用意愿、扩大使用范围、便利跨境支付四个方面入手做好推进工作。

一是制定和完善人民币跨境支付的法律法规。由于国际贸易的客户和服务商往往地处不同的国家和地区,受不同的法律约束,且跨境支付活动依赖国际性平台,使我国对人民币跨境支付的监管难度大大增加,跨境支付便容易成为洗钱、赌博、境外电信诈骗等违法犯罪活动的温床。然而,我国尚未出台规范跨境支付结算的法律法规,仅有中国人民银行出台了相关规章管理支付机构的准入。因此,为了对使用人民币进行跨境贸易结算活动提供法律保障,监管部门应尽快出台有关人民币跨境支付的管理办法,尝试跨境监管部门协同执法合作,严厉打击跨境支付结算领域的犯罪行为,从而提高使用人民币进贸易结算的安全感。

二是鼓励企业和个人在对外经贸往来中优先使用人民币。人民币在跨境贸易中的结算规模与企业、居民的日常支付活动息息相关。我国作为世界第一大货物贸易进出口国，拥有货物贸易数量上的绝对优势。同时，随着服务贸易的发展，面向出入境游客、留学生的结算需求也在迅速增加，因此，鼓励企业和个人在货物贸易、服务贸易中使用人民币进行支付、交易、结算，可以逐步降低对单一外币的依赖度，提高以人民币实际支付的比重，巩固并提升人民币在跨境贸易支付中的地位。

三是推动大宗商品人民币计价。一个国家的货币要发挥国际职能，必然要实现从贸易进程向金融进程的升级转换，即从结算货币转变为计价货币。过去，美国就是利用布雷顿森林体系将黄金价格与美元挂钩，成功将美元变为世界主要计价货币，进而推动了美元国际化进程。而且，由于计价货币的影响力往往比结算货币更具有持久性，所以积极推动人民币的计价货币功能有助于提升人民币的国际影响力。我国拥有庞大的大宗商品交易量，这是我国推动人民币计价的天然优势。为了吸引中国这个大客户，许多国家也在逐渐接受使用人民币计价。例如，澳大利亚的铁矿石、俄罗斯和中东的石油等交易已经开始尝试用人民币计价结算。因此，要以我国最有优势的大宗商品为突破口，在与我国相关的跨境贸易中争取计价权，长期积累，不断增加更多人民币计价的大宗商品期货，最终以量促变，加强中国在大宗商品期货市场的计价影响力。

第二，依托 RCEP 和"一带一路"倡议，扩大人民币市场需求。美元在国际货币体系中霸权地位的确立不只是缘于美国政府的强制推行，更重要的是跨境贸易市场对美元有较大的需求。因此，扩大市场对人民币的真实需求有助于有序推进人民币国际化。RCEP是当今世界上涵盖人口最多、经济贸易规模最大、最具发展潜力的自由贸易协定，加强同RCEP成员的经贸合作势必会大幅度扩大我国跨境贸易规模。同时，受益于"一带一路"倡议，近年来中国与"一带一路"沿线国家和地区的贸易沟通也在不断扩大，如表4所示。因此，我国在与RCEP成员国以及"一带一路"沿线国家进行跨境贸易、对外投资和贷款时，可签署更多的双边本币结算合作协议，促使人民币成为该过程中的结算货币，并积极吸引RCEP成员国到中国投资，以逐步提高国外市场主体对人民币的真实需求。随着贸易合作的深化，逐渐增强其他国家对人民币的需求，提高人民币在别国的储备量，在贸易份额持续增长中为人民币国际化进程奠定互助互信基础。

表4 我国与"一带一路"沿线国家和地区的投资情况

单位：亿元人民币

年度	2017	2018	2019	2020	2021	2022
非金融类直接投资	143.6	156.4	150.4	177.9	1309.7	1410.5
新签合同额	1443.2	1257.8	1548.9	1414.6	8647.6	8718.4

数据来源：商务部网站

推动数字人民币跨境支付。数字人民币是人民币的电子化形式，具有支付即结算的特性，所有交易可追踪，可从源头上杜绝洗钱、盗窃等犯罪行为，同时使用数字人民币进行结算支付还无须支付手续费。与传统支付相比，数字人民币的这些特性会大大提升跨境贸易的资金结算效率，提高安全性，同时降低外贸企业资金流转的成本，这为其他国家提供了使用数字人民币进行结算的便利。为推动数字人民币跨境支付的普及,要适应数字经济特点,探索平台化应用方式。例如,将数字人民币支付应用于跨境电商平台,可支持这类平台尽可能多地使用数字人民币进行跨境支付,对采用人民币结算的订单给予一定奖励,让使用数字人民币成为一种结算习惯,从而提高国内外企业和个人对数字人民币的接受度。合作开展海外跨境支付试点,掌握数字货币更多的主导权。例如,中国与"一带一路"沿线国家和地区同属发展中国家,对数字贸易规则的诉求较为一致,容易在数字合作领域达成更多共识。所以,中国可以加强与当地银行合作,在沿线国家和地区发展数字人民币支付业务,从而提高数字人民币的知名度、扩大市场基础,提高人民币流通效率。主动与"一带一路"沿线国家和地区共享数字经济领域成就,通过技术共享,在加大发展中国家在国际货币体系中的力量的同时,也能得到更多国家的支持与认同,最终扩大数字人民币的使用规模。

第三,推动金融市场高水平开放,释放资本项下跨境人民币自由使用的潜力。要成为国际货币,人民币不能仅靠经常账户项下的跨境使用,还需要通过资本账户进行更为便捷的跨境流动,从而使人民币的交易职能和国际储备职能得到充分发展。而一国金融市场发展水平高低影响着本国资本账户的开放程度,因此,要促进人民币通过资本账户进行更为便捷的跨境流动,就必须推动金融市场高水平开放,在继续扩大金融市场规模的基础上拓展其深度。

一是扩展金融衍生品市场。金融衍生品市场的开放,能使我国期货市场直接受益。如今,世界上80%以上的金融衍生品交易都集中在欧美发达国家,这种集中趋势在近年来越发明显。我国通过对金融衍生品市场的有序开放，可以吸引更多国际投资者投入中国的资本市场建设，提升我国本土期货市场的竞争力。同时，期货企业使用人民币计价交易结算，让更多的人民币计价的期货期权产品上市，在推动中国期货市场扩大开放的同时促进人民币跨境流动。

二是扩大债券市场。债券是国际资本流动的最大载体。为促进人民币通过资本账户进行更便捷的跨境流动，拓展债券市场容量是推动人民币走向国际化的必要举措。2022年以来，我国债券市场开放提速，中国人民银行、证监会和国家外汇管理局联合发布了《关于进一步便利境外机构投资者投资中国债券市场有关事宜》，中国人民银行、国家外汇管理局发布《境外机构投资者投资中国债券市场资金管理规定》，简化了境外投资者入市程序，扩大了可投资范围。我国债券市场开放的效果十分显著，数据显示，2022年11月末，境外机构持有银行间市场债券达3.33万亿元，约占银行间债券市场总托管量的2.7%。[1] 这充分表明，推动债券市场高水平对外开放能有效鼓励其他国家持有人民币资产，提升人民币债券的国际市场份额，最终发挥人民币的国际储备职能。

第四，完善央行货币互换机制，推动人民币离岸市场建设。人民币要成为真正的国际货币，不仅要满足贸易结算的需求，还需要在全球形成一个统一、具有深度和较高流动性的离岸人民币交易的网络和体系，满足离岸金融市场交易结算的需求。为此，要从以下两方面着手推动人民币离岸市场的建设。

---

[1] 参见《央行：截至11月末境外机构持有银行间市场债券3.33万亿》，中新经纬2022年12月15日。

一是合理布局人民币离岸市场。目前，中国香港、新加坡、伦敦等城市已成为具备一定实力的人民币离岸中心。因此，未来打造人民币离岸中心时，可选择粤港澳大湾区这种金融市场发达、影响力相对较强的区域进行布局。随着"一带一路"倡议的实施推进，也可以考虑在"一带一路"沿线国家和地区布局新的人民币离岸市场，如中亚、南亚等地区，形成与香港人民币离岸中心的互补，最终逐步形成"一带一路"人民币离岸中心网络体系。

二是完善央行双边货币互换机制，为人民币离岸市场发展提供制度性保障。双边货币互换机制能够有效提高他国使用人民币交易金额和笔数，而且该机制通过促进人民币的海外流动，增强了世界对人民币的信心，提升了世界其他国家使用人民币的意愿，从而加快人民币国际化的进程。此外，双边货币互换机制的实际效果会随着互换额度的提升而增加。截至2022年底，我国已与40多家其他国家央行或金融管理当局建立了货币互换机制，未来也会根据市场需求，不断调整货币互换规模、额度与频率，以发挥好货币互换机制对支持离岸人民币市场发展和促进贸易投资便利化的作用，助推人民币早日成为国际货币。

第十一章

为全面建设社会主义现代化国家，全面推进中华民族伟大复兴作出新贡献

党的二十大报告指出:"高质量发展是全面建设社会主义现代化国家的首要任务。"这是我们党着眼新时代新征程党的使命任务提出的重大判断。加快构建新发展格局,着力推动高质量发展,充分体现了我们党推动高质量发展的坚定决心,为今后一个时期经济发展指明了方向,具有全局性的指导意义。各地区各部门和各级领导干部要深刻理解这一重大判断的科学内涵,把握中央经济工作部署要求,以新气象新作为推动高质量发展取得新成效。

一、把思想和行动统一到党的二十大精神和中央关于经济工作的决策部署上来

2022年底召开的中央经济工作会议是党的二十大后召开的一次非常重要的会议。习近平总书记在会上发表重要讲话,深入总结了2022年经济工作,全面分析了当前国内外经济形势,系统部署了2023年经济工作,明确了总体要求、主要任务和政策举措。

党的十八大以来,我国坚持稳中求进工作总基调,经济社会持续实现高质量发展。中国综合国力跻身世界前列、日益走近世界舞台中

央。世界银行最新报告显示，2013年至2021年中国对世界经济增长平均贡献率达38.6%，仍然是拉动世界经济增长的第一动力。2022年中国经济发展保持全球领先地位，国内生产总值达121万亿元，稳居世界第二位；人均国内生产总值达1.27万美元，接近世界银行划分的高收入国家门槛值，经济规模不断跃上新台阶。2020年中国对外贸易总额由2012年的4.4万亿美元升至5.3万亿美元，首超美国成为全球第一大贸易国。2022年，中国对外贸易总额上升至6.05万亿美元，持续高居世界第一。中国已成为140多个国家和地区的主要贸易伙伴，形成更大范围、更宽领域、更深层次对外开放格局。2013年至2022年，中国对外投资合作向纵深推进，对外直接投资流量累计达1.4万亿美元，年均增长8.2%，对外直接投资存量27851亿美元，占当期全球存量的6.7%，比2012年提高4.4个百分点，排名由第13位上升到第3位。国际创新排名不断提升。我国创新指数居全球第11位，2022年比2012年上升23位，在中等收入国家中排名首位。10年来，中国成为全球"增绿"的主力军，森林碳汇增长7.3%，植树造林占全球人工造林的1/4左右，单位国内生产总值二氧化碳排放量累计下降约34%，中国以年均3%的能源消费增速支撑了年均6.5%的经济增长，能耗强度累计下降26.2%，成为全球能耗强度降低最快的国家之一，为全球能源低碳发展贡献"中国力量"。2012年中国农村贫困人口为9899万人，2020年实现全部脱贫，平均每年减少1237万贫困人口；贫困发生率由2012年的10.2%下降至2020年的零，平均每年下降约1.3个百分点，为世界减贫事业作出了巨大贡献。中国人均粮食占有量达到483公斤，高于国际公认的400公斤粮食安全线。2022年中国粮食总产量达13730.6亿斤，连续8年稳定在1.3万亿斤以上，为维护世界粮食安全贡献了重要力量。同时，中国积极为全球经济治理提供优质的公共产品。[1]

当前，中国特色社会主义进入了新时代，我国已经迈上全面建设社会主义现代化国家新征程，高质量发展已经成为全面建设社会主义现代化国家的首要任务。新的发展阶段、新的使命任务和新的发展环境对经济实现质的有效提升和量的合理增长提出了更高、更为紧迫的要求。新时代经济的发展必须是高质量发展。要认识到，单纯数量扩张和低水平重复建设是没有前途的。对经济发展要辩证认识、科学统筹质和量的关系，既要注重经济发展的规模和速度，又要提升经济发展的结构、效益，以质取胜，为量的增长提供持续动力，不断塑造新的竞争优势，才能支撑我国经济长期持续健康发展。

第一，要坚持把发展作为党执政兴国的第一要务，坚持把高质量发展作为全面建设社会主义现代化国家的首要任务。在持续实现经济质的有效提升的同时，持续实现经济量的合理增长，不断做大做强中国经济，巩固社会主义现代化的物质技术基础，加快构建现代化经济体系。坚持社会主义市场经济改革方向，坚持和完善社会主义基本经济制度，坚持"两个毫不动摇"，构建高水平社会主义市场经济体制。要充分发挥市场在资源配置中的决定性作用，更好发挥政府实施宏观调控政策、促进经济稳定增长的作用，构建全国统一大市场，完善市场经济基础制度，改善预期、提振信心，调动全社会积极性，着力破解深层次体制机制障碍，不断彰显中国特色社会主义制度优势。

第二，要完善宏观经济治理体系，增强以国内大循环为主体，国

---

[1] 参见《一组数据告诉你中国与世界经济关系嬗变》，新华社 2022 年 12 月 21 日。

内国际双循环新发展格局的内生动力。要理解只有立足自身，把国内大循环畅通起来，才能任由国际风云变幻，始终充满朝气地生存和发展下去。要充分发挥国家规划的战略性导向作用，把实施扩大内需战略和深化供给侧结构性改革有机结合起来，确保经济循环的畅通无阻，打通经济循环堵点，守住不发生系统性风险的底线。要依托我国超大规模市场优势，增强国内国际两个市场两种资源联动效应，深度参与全球产业分工和合作。坚持经济全球化正确方向，推动贸易和投资自由化便利化，共同营造有利于发展的国际环境，共同培育全球发展新动能。

第三，要建设现代化产业体系，着力提高全要素生产率。建设现代化产业体系，关键在振兴制造业，要坚持把发展经济的着力点放在实体经济上，推动制造业高端化、智能化、绿色化发展。要实施创新驱动发展战略，加快突破关键核心技术攻坚，开辟数字领域经济新赛道，塑造发展新动能新优势，推动战略性新兴产业融合集群发展，构建一批新的增长引擎。要升级传统产业，引导和支持传统产业加快应用先进技术步伐，大力推进企业技术改造和设备更新，用新技术新业态改造传统产业链。

第四，要着力推进城乡融合和区域协调发展，优化国土空间发展格局。要推动城乡经济、社会、文化、生态、治理各领域的体制并轨，畅通城乡要素流动，加快城乡要素市场一体化，让城乡之间要素双向流动、公共资源均衡配置、基础设施一体化发展。加快建设农业强国，建设宜居宜业和美乡村。深入实施区域协调发展战略、区域重大战略、主体功能区战略、新型城镇化战略，促进农村经济发展和农民持续增收，优化重大生产力布局，构建优势互补、高质量发展的区

长风破浪未来可期的 中国经济

粤港澳大湾区建设的成就显示了中国区域规划发展的战略性成功。图为建设中的粤港澳大湾区核心枢纽工程——深中通道

中新图片 / 广东省交通集团

域经济布局和国土空间体系，形成城乡融合、共同繁荣的新型城乡关系。

第五，要着力推动绿色发展，促进人与自然和谐共生。牢固树立和践行绿水青山就是金山银山的理念，坚定绿色发展的信心和决心，站在人与自然和谐共生的高度谋划发展。统筹产业结构调整、污染治理、生态保护、应对气候变化，协同推进降碳、减污、扩绿、增长，加快发展方式绿色转型，积极稳妥推进碳达峰碳中和，形成全方位全地域全过程推进格局。要全面动员和全社会参与，充分调动社会成员参与的积极性，从家庭做起，让企业参与，激发社会组织的积极性，使简约适度绿色低碳成为全社会共同的生活方式。

第六，要坚持在发展中保障和改善民生，共同奋斗，创造美好生活。要把握好发展经济与保障民生的关系、保障民生与改善民生的关系、尽力而为与量力而行的关系、目标导向与问题导向的关系、做大"蛋糕"与分好"蛋糕"的关系。完善分配制度，坚持多劳多得，鼓励勤劳致富，促进机会公平，扎实推动共同富裕；强化就业优先政策，在推动高质量发展中强化就业优先导向，促进高质量充分就业，千方百计稳定和增加就业岗位，保护劳动者合法权益。要优先发展教育事业，要坚持社会主义办学方向，全面贯彻新时代党的教育方针，把立德树人作为教育的根本任务，发展素质教育，推进教育公平，培养德智体美劳全面发展的社会主义建设者和接班人。要完善社会保障体系，把农村社会救助纳入乡村振兴战略统筹谋划，健全农村社会救助制度，完善日常性帮扶措施，健全覆盖全民、统筹城乡、公平统一、可持续的多层次社会保障体系。

第七，要坚持统筹发展和安全，全力战胜前进道路上的各种风险挑战。要坚持政治安全、人民安全、国家利益至上有机统一，以人民安全为宗旨，以政治安全为根本，以经济安全为基础，以军事、科技、文化、社会安全为保障，不断增强国家安全能力。加快补齐关系安全发展领域的短板，着力提升产业链供应链韧性和安全水平，提升战略性资源供应保障能力，全方位夯实粮食安全根基。巩固提高一体化国家战略体系和能力，提高捍卫国家主权、安全、发展利益战略能力，提高人民群众的获得感、幸福感、安全感。要系统研究谋划和解决法治领域人民群众反映强烈的突出问题，用法治保障人民安居乐业。

中国经济发展能一次次履险如夷、化危为机，证明危机之中确实蕴含新的重大机遇。只要我们坚定信心、因势利导，就能变压力为动力、化挑战为机遇。这信心，源自党的坚强领导和制度优势。这信心，源自对经济基本面长期向好的科学判断。这信心，源自改革不停顿、开放不止步的坚定信念。这信心，源自稳中求进、全力拼经济的上下一心。这是一条成功的实践经验，也是历史对我们的重大考验。时势在我！我们要把思想和行动统一到党的二十大精神和中央关于经济工作的决策部署上来，在大有可为的重要战略机遇期里大有作为，为全面建设社会主义现代化国家作出新贡献！

二、保持奋发有为的精神状态和"时时放心不下"的责任意识

2022年底召开的中央经济工作会议明确，以奋发有为的精神状态和"时时放心不下"的责任意识做好经济工作，就是要用好作风、好担当展现新气象、新作为，推动高质量发展取得新成效，为全面建

设社会主义现代化国家开好局起好步。

保持奋发有为的精神状态，是我们党在长期革命斗争和建设实践中积累的宝贵经验，是攻坚克难的有力武器，是推动事业蓬勃发展的强大力量。"时时放心不下"体现着念兹在兹的为民情怀、宵衣旰食的勤勉奋进精神、敬业如初的初心坚守和知重负重的担当精神，彰显了共产党人高度自觉的精神状态和极端负责的工作作风。

保持奋发有为的精神状态和"时时放心不下"的责任意识，是新形势新任务下做好工作的迫切需要。当前，我们经受着世界变局加快演变、新冠疫情冲击、国内经济下行等多重考验，同时我们如期全面建成小康社会，我国发展已站在新的更高历史起点上。越是形势复杂，任务繁重，越要保持奋发有为的精神状态，增强"时时放心不下"的责任意识，越要知难而进、踔厉奋发，倾心倾力、履职尽责。

保持奋发有为的精神状态和"时时放心不下"的责任意识，是领导干部必须具备的精神状态、责任意识和能力要求。既要心怀"国之大者"，贯彻落实好党的二十大精神和中央关于经济工作的决策部署，更要抓住细节、抓住具体、抓住关键，摒弃"躺平""躺赢"的思想和"内卷""佛系"的心态，站好自己的岗，尽到自己的责，守住自己的关。

要强化为民意识，持续加压奋进。人民对美好生活的向往，就是我们的奋斗目标。习近平总书记一直把老百姓的衣食住行挂在心上。2022年6月在四川考察时，他叮嘱道，老百姓的事，要实实在在干，干一件是一件，干一件成一件。做好经济工作要坚持以人民为中心的发展思想，想人民之所想，行人民之所嘱，对人民的急难愁盼、冷暖安危做到心中有数，在为群众办实事上用心用情用力，大力推动各项政策措施落地落实，把"时时放心不下"变成让人民"事事放心得下"，让经济发展更有温度、民生更有厚度、幸福更有质感。

要强化忧患意识，坚持主动作为。当前，世界之变、时代之变、历史之变均是前所未有的，我国经济恢复的基础尚不牢固，需求收缩、供给冲击、预期转弱三重压力仍然较大，外部环境动荡不安，给我国经济带来的影响加深。但是，从长远和大局来看，我国经济韧性强、潜力大、活力足，多种有利因素正综合发力，危机并存，危可转机。因此，面对当前的困难挑战，我们要主动作为，摒弃思想上的麻痹和精神上的懈怠，增强紧迫感和敏锐性，提高应对和化解风险的能力，坚定做好经济工作的信心。

要强化进取意识，坚持稳中求进。2022年底召开的中央经济工作会议已明确"稳字当头、稳中求进"的经济工作总基调。稳中求进是做好经济工作的方法论，越是面对风高浪急的挑战，越要牢牢把好这个总基调，这是我们党驾驭经济工作的重要经验，也是复杂形势下经济持续健康发展的重要保证。虽然稳的基调已非常明确，但绝不意味着不思进取、无所作为，反而是进的要求应更加积极，要以"思想破冰"引领发展突围，着力做好"六个更好统筹"，找准切入点、结合点、发力点，立足比较优势深挖潜能，在"稳"中牢牢把握住"进"的主动权。

要强化责任意识，坚持真抓实干。2023年经济工作大政方针已定，任务艰巨，责任重大。我们要坚定信心、凝聚共识，把思想和行动统一到党的二十大精神和中央关于经济工作的决策部署上来，做好"打硬仗"的充分准备。要集中力量、强力攻坚，紧盯重点任务和薄弱环节，进一步细化时间表、路线图、任务书。要敢于直面困难和挑战，勇于解决急事难事棘手事，不信邪、不怕鬼、不怕压，紧锣密鼓地推动2022年底召开的中央经济工作会议相关部署落实"最后一公里"，让中国式现代化建设的力量更加强大、斗志更加昂扬、行动更加自觉。

沧海横流，方显英雄本色；风高浪急，更见中流砥柱。以奋发有为的精神状态和"时时放心不下"的责任意识做好经济工作，应当着重增强"五力"。

第一，要着重增强学习力，强化思想自觉。奋发有为的精神状态和"时时放心不下"的责任意识，是一贯要求，也是党员干部的政治标准。以习近平同志为核心的党中央高度重视领导干部的学习能力提升，并把学习作为克服"本领恐慌"的重要途径。因此，我们必须牢记"晨思夕念、朝乾夕惕"的警示，持之以恒地加强学习，努力做好"答卷人"角色。要牢牢把握正确方向，坚持用思想伟力支撑奋斗之路，用信仰之力开创美好未来，自觉地把思想和行动统一到党的二十大精神和中央关于经济工作的决策部署上来。要切实做到知行合一，坚持理论和实践相结合，坚定推动高质量发展的信心和决心，使学习的过程成为立足工作实际、创新工作思路的过程，成为对标目标、推动工作的过程，成为增强责任感、主动性的过程。

第二，要着重增强领导力，提升工作水平。奋发有为的精神状态和"时时放心不下"的责任意识，既是对党的宗旨的朴素解读，也是对党员干部的基本要求。因此，我们必须培养为民情怀，锤炼过硬作风。要牢记"国之大者"，时常思之悟之、念兹在兹，不断提高政治站位、把准政治方向、坚定政治立场，以高度自觉的精神状态和极端负责的工作作风对标对表、校准偏差，把本职工作融入大局，做好分内事、担好应尽责，做到为一域争光、为全局添彩。要虚心学习请教、汲取经验、增强本领，科学有效应对经济发展环境的复杂性、严峻性和不确定性带来的新挑战，全面贯彻新发展理念，加快构建新发展格局。要勤政为民、守土尽责，常思为民之要、利民之事，做到深入一线、及时调度、靠前指挥，提高各项工作措施的整体性、灵活性、精准性和实效性。

第三，要着重增强执行力，勇于担当作为。奋发有为的精神状态和"时时放心不下"的责任意识，既是一种高度自觉的精神状态，也是一种高度负责的工作作风。做好经济工作不是靠喊口号喊出来的，而是撸起袖子加油干出来的，要"甩膀子、指路子"，以始终"放心不下"的执行换取"放心得下"的结果。要把握发展大势，明确工作方向，舍得下落细落小的绣花功夫，在打通政策堵点、补齐工作短板、加强协同配合上发力。要加强调查研究，把握好习近平新时代中国特色社会主义思想的世界观和方法论，坚持好、运用好贯穿其中的立场观点方法，自觉用党的创新理论观察新形势、研究新情况、解决新问题。要守土尽责，以踏实的工作态度、担当的责任意识推动各项政策措施的落实，勇于为担当者担当，充分发挥各方面积极性、主动性、创造性，激发各行业干事创业活力，让干部敢为、企业敢干、群众敢首创。

第四，要着重增强创新力，不断开创新局。奋发有为的精神状态和"时时放心不下"的责任意识，既体现了一种主动担当的责任感，也传递了一种争先争上的创新力。创新是引领发展的第一动力，是推动高质量发展的关键所在。因此，我们必须把创新摆在做好经济工作的重要位置，自觉增强"领题意识""答题意识"和"破题意识"，切

上海市浦东区在改革开放中敢闯敢试、先行先试，在荆棘中闯出一条新路，创造了全国第一个保税区、第一个综合配套改革试点、第一个自由贸易试验区等 53 个"第一"，一大批制度创新成果在全国复制推广。图为浦东区风貌

中新图片 / 王冈

实推动高质量发展取得新成效。要坚持解放思想，努力在格局、思维、观念、行为、方法等方面紧跟新时代步伐、现代化旋律，在思想和观念的深层次上"破"和"纠"，解决思想僵化、思维固化、自我感觉良好等问题，在补短板、强弱项、固底板、扬优势中开辟事业发展新天地。要树立"事在人为"的理念，在认真梳理发展瓶颈和短板的基础上，认真学习借鉴先进地区经验，敢闯敢试、敢为人先，认真谋划各项工作。要找准切入点、选准突破口，着力做到"六个更好统筹"，坚持系统观念、守正创新，立足比较优势深挖潜能，做到前瞻性思考、全局性谋划、整体性推进，下好先手棋，打好主动仗，开创新局面。

第五，要着重增强坚忍力，保持工作激情。奋发有为的精神状态和"时时放心不下"的责任意识，难在"时时"，也贵在"时时"。要始终以一以贯之的坚忍力迎接新挑战、战胜新困难、创造新业绩。要始终保持清醒头脑，深刻认识当前面临形势的复杂性、艰巨性和长久性，坚决克服麻痹思想、厌战情绪、侥幸心理、松劲心态，坚决避免认识不足、准备不足、工作不足的问题，坚决做到措施精准、执行有力、久久为功。要牢固树立正确的政绩观，强化"功成不必在我"和"一张蓝图绘到底"的境界，坚持"小我"服从"大我"，以最大底气、最强志气、最硬骨气锲而不舍、埋头苦干，做好主责主业。要统筹好发展和安全，不断提高见微知著的能力、科学统筹的能力、科学预判的能力、攻坚破难的能力、守正创新的能力，保持思想在线、行动在线、作风在线、精神在线、状态在线，切实提升人民的幸福指数、总体安全指数。

三、坚持真抓实干、求真务实、勇于担当

"蹄疾而步稳，勇毅而笃行。"党的二十大报告指出："未来五年是全面建设社会主义现代化国家开局起步的关键时期。"伟大的时代，为我们干事创业提供了难得机遇和广阔舞台，越是任务艰巨，越要自立自强，知重负重、锐意进取，书写前进道路上更加壮丽的篇章。

第一，必须保持真抓实干的毅力。奋斗、实干是当代中国主色调，是经济社会发展主旋律。习近平总书记特别推崇实干，指出："新时代的伟大成就是党和人民一道拼出来、干出来、奋斗出来的！"[1]每一项事业、每一件工作不论大小，都是实干出来的。前进道路上不实干、不落实，再好的蓝图也只是镜中花、水中月。

要有"只争朝夕"的工作劲头。在2023年春节团拜会上，习近平总书记回顾了2022年全党全军全国各族人民的奋斗历程，激励全国人民特别是广大青年在新的一年动如脱兔般奋跃而上、飞速奔跑，实现新征程的良好开局。今天的中国，是充满生机活力的中国，从改革开放之初的"深圳速度"，到30年来的"浦东模式"；从黄大年夜以继日的"巡天探地潜海"，到廖俊波"起步就是冲刺，开局就是决战"的脱贫攻坚，都展现了中国人民"只争朝夕"的拼搏英姿。这些经历证明，不管岗位如何、困难多少，只要锚定目标、加速冲刺，必能跑出时代"加速度"。时间不等人，机遇转瞬即逝，我们唯有更加珍惜光阴，敢于与最强的争、与最高的比、与最优的赛，盯紧关键领域、

---

[1] 习近平：《高举中国特色社会主义伟大旗帜　为全面建设社会主义现代化国家而团结奋斗——在中国共产党第二十次全国代表大会上的报告》，《人民日报》2022年10月26日。

关键环节、关键项目，行动再加力、速度再加快，狠抓参与的各项工作和建设任务，多创一流、多出精品，干一件像一件，抓一样成一样，全速前进、跑赢时间，弯道超车、赢得未来。

要有"乘势而上"的工作信心。这些年，我们办成了许多过去想办而没有办成的大事，解决了许多长期想解决而没有解决的难题，成功打开了经济社会发展的新局面，广大干部群众在抓建设谋发展中也是"收获感"满满，加快发展、冲刺超越的信心进一步增强，精神更为振奋，共识更加凝聚，形成了拼搏赶超的良好势头，交出了面对大战大考的优异答卷。过往取得的历史性成就、发生的历史性变革已充分证明，对中国人民和中华民族来说，再高的山我们也能登，再难的事情我们也能办到。进取者的脚步，永远不会停滞于既有的成就与荣光。身处千帆竞发、百舸争流的新时代，只要我们增强信心、坚定信念、乘势而上、久久为功，就能一步一个脚印把党的二十大确定的美好蓝图变为精彩现实。

要有"踔厉奋发"的工作定力。当前，国际国内形势正发生着深刻复杂的变化，新冠病毒仍在各国变异传播，气候变化谈判举步维艰，乌克兰危机延宕难解，对国际秩序造成的负面影响还在持续，全球金融通货膨胀、粮食安全、能源危机突出加剧，全球化受到冲击，经济复苏迟滞乏力。对我们来说，国家发展正处于由大向强的关键期，经济社会正处于转型升级的矛盾凸显期，机遇与挑战并存。要看到，我们有社会主义市场经济的体制优势，有超大规模市场的需求优势，有产业体系配套完善的供给优势，有勤劳智慧的广大劳动者等人力优势，我国经济韧性强、潜力大、活力足，各项政策效果持续显现。不管外部环境多么复杂严峻，只要我们直面挑战，坚持稳字当头、稳中求进，继续笃定前行、精准施策，坚定不移办好自己的事情，就一定能以"中国之治"应对"世界之乱"。

第二，必须发扬求真务实的作风。务实，就是要说真话、办实事、求实效，不脱离实际、不好高骛远，不贪图名利、不急功近利。习近平总书记指出，当干部"既要想干愿干积极干，又要能干会干善于干"。千斤重担众人挑，打铁必须自身硬，必须在对标补差中拓宽视野、提升能力、创新思路、改进工作，实现更好更快发展。

前提是提高专业能力。适应新形势新任务新要求，需要不断提高贯彻新发展理念、构建新发展格局的能力和水平，这对党员干部的素质能力提出了新要求。领导工作综合性、系统性强，不仅需要对口的专业科目，更需要全面的专业知识和过硬的专业作风，这些方面也是领导干部在专业素养上的外在体现。这意味着，提高党员干部的专业能力，必须顺应科技变化趋势和人民群众新期待，不断增强思想紧迫感，干什么学什么、缺什么补什么，自觉赶上时代潮流，努力成为工作领域的行家里手。要自觉把砥砺能力、蓄养才干作为一种生活习惯、精神追求、政治责任，立足工作岗位实践，持续强化专业素养，大力发扬工匠精神，不断提高科学决策和精准施策水平，狠抓各项目标任务落实，才能在实践锻炼中经受考验、增长才干、提高本领。

重点是加强情况掌握。推进经济社会发展，必须尊重客观实际和群众需求。毛泽东所说的，没有调查，没有发言权，"凡事没有办法的时候，就去问同志们，问老百姓"，现在仍然有生命力。就是说，我们要经常放下笔头、走出办公室，拿出足够的时间和精力，深入乡村一线、项目一线、产业一线开展指导服务，切实将各项政策规定和基层实际情况联系起来，从实际出发深挖问题根源，找寻解决办法。

关键是坚持凝心聚力。在大灾大难面前，党中央号令四面、组织八方，凝聚起战胜困难的强大合力。这启示我们，推动发展没有局外人，要充分发挥党委总揽全局、协调各方的领导作用，在党委领导下，各部门各单位要全面贯彻2022年底召开的中央经济工作会议相关部署，围绕2023年经济工作总体要求和工作部署，充分履行职能、密切协作配合、更好发挥作用。要鲜明树立重基层、重实干、重实绩的用人导向，不拘一格用好人才，健全综合考核机制，大力使用"三牛"型干部，深化做实干部待遇保障、容错纠错等机制，畅通人才流动渠道，全力支持担当作为者放手大胆闯创干。要始终同人民想在一起、干在一起，最广泛最充分地调动上上下下、条条块块、方方面面的积极性，形成众人拾柴火焰高的生动局面，保持战略定力、付出艰苦努力，交出一份同心勠力、实干担当的历史答卷。

第三，必须坚持勇于担当的精神。习近平总书记强调："有了'自信人生二百年，会当水击三千里'的勇气，我们就能毫无畏惧面对一切困难和挑战，就能坚定不移开辟新天地、创造新奇迹。"[1]面对前进道路上的艰难险阻，必须始终保持这股精气神，敢于攻克所有困难，确保经济社会发展实现质的有效提升和量的合理增长。

要强化工作落实。明朝诗人林鸿的《饮酒》中说："一语不能践，万卷徒空虚。"意思是说，如果连一句话都不能付诸实践，那么，书读得再多也徒劳无益。当前，全面建设社会主义现代化国家进入关键期，党员干部要把干事创业谋发展作为最大的政治责任，把加快发展作为第一要务，把抓好落实作为第一责任，紧盯"十四五"规划

---

[1] 习近平：《在庆祝中国共产党成立95周年大会上的讲话》，《人民日报》2016年7月2日。

和2035年远景目标纲要，对标国家政策导向和产业投向，从规划中筛选重点项目进行攻关，用好项目专班、领导干部包联等措施机制，做好市政配套等服务保障，最大限度把规划转变成具体项目、具体工作、具体成效。要提振马上就办、办就办好的精神状态，议定的事情不等不拖、如期落实，安排的工作实干快干、坚决兑现，分管领导要充分发挥"头雁效应"，带头担当，主要负责同志要主动作为，尽心尽力，力戒形式主义和官僚主义，以等不起、慢不得的危机感，坚决完成各项目标任务。

要推动难题破解。"入之愈深，其进愈难"，当前，我国经济恢复的基础尚不牢固，经济下行压力加大，需求收缩、供给冲击、预期转弱三重压力仍然较大，改革进入深水区，这是必须跨越的重要关口。机遇与挑战并存，实现2023年经济社会发展预期目标，需要我们把工作重点放在关键要害处，宏观上要继续坚持问题导向、目标导向、结果导向，微观上要紧盯突出问题和薄弱环节，抓重点、补短板、强弱项，坚持系统观念、守正创新，全面落实财政、货币、产业、科技、社会五大政策，做到"六个更好统筹"，善用辩证的思维，多用改革的办法，有的放矢地集中力量、精准投入，用发展的方式解决发展中的问题，推进部署落地开花。

要强化督导问效。聚焦重点领域抓突破性工作，对年度确定的重大项目、重点工作，强化工作调度，推行目标责任制和清单化管理，将责任压实到承办部门、负责领导，将进度细化到具体项目、具体时间，分管领导和牵头部门要跟踪督促指导，现场解决问题，对重点地区、重点行业、重点领域和重点项目重点工程，逐个跟踪问效、敲钟问响，相关单位"一把手"要亲自负责，一抓到底，抓出成效。要进一步改进督查方式方法，用好督查结果，做到工作推进到哪里，督查落实跟进到哪里，力戒形式主义、官僚主义。对督查发现的问题和不抓落实、抓而不实的要亮红牌、抓典型，不遮不掩、见人见事、指名道姓进行通报，实行"挂牌督办"，限期督促整改，切实提高督查的震慑力和实效性，推动形成抓落实促发展的良好氛围。

坚持真抓实干、求真务实、勇于担当，是向第二个百年奋斗目标前行应有的工作状态和奋斗姿态。只要我们用心谋事、精心干事、专心成事，慎终如始、久久为功、善作善成，就一定能交出不负历史和人民的优异答卷！

后　记

2022年底召开的中央经济工作会议总结了2022年经济工作，分析当前经济形势，对2023年经济工作作出了具体部署。我们编写此书旨在帮助广大党员干部学习贯彻2022年底召开的中央经济工作会议相关部署，进一步把思想和行动统一到党的二十大精神和中央关于经济工作的决策部署上来，把高质量发展作为全面建设社会主义现代化国家的首要任务，踔厉奋发、勇毅前行，为努力完成经济社会发展目标、推进实现全面建成社会主义现代化强国作出新贡献。程勤为本书主编，姚芳、刘苏婷、龚川、杜珉璐为副主编。本书的撰写得到了国防大学学科学术带头人洪保秀教授的精心指导，在此表示感谢。

本书各部分的撰稿人依次为：第一章，尚选彩、刘苏婷；第二章，陈淑芬；第三章，邹谋智；第四章，胡倩倩、杜珉璐；第五章，龚川；第六章，李德芳；第七章，代翠翠；第八章，吕雁华；第九章，廖莉娟；第十章，赵熙；第十一章，罗君。程勤、李超对本书进行了统稿和校对。本书在撰写过程中，参考借鉴了众多专家学者的学术研究成果，在此一并表示感谢。由于时间仓促、水平有限，本书难免有疏漏及不足之处，请读者朋友批评指正。